L'enfant unique
atouts et pièges

Carl E. Pickhardt

L'enfant unique
atouts et pièges

Préface par le Pr Daniel Marcelli

Traduit de l'américain
par Marie-Sylvie Rivière

Albin Michel

Collection « Questions de Parents »
dirigée par Mahaut-Mathilde Nobécourt

Ce livre a paru pour la 1re fois
aux éditions Barron's sous le titre
« Keys to Parenting the Only Child »

22, rue Huyghens, 75014 Paris

ISBN : 2-226-11092-5
ISSN : 1275-4390

Sommaire

PRÉFACE

Tour à tour l'enfant unique attire ou inquiète, fascine ou fait l'objet de réprobation. On lui promet tantôt un avenir sombre tantôt un destin « unique », on lui prédit une place sociale brillante en même temps qu'on s'inquiète de sa capacité d'intégration parmi les autres. L'enfant unique ne laisse pas l'entourage indifférent, comme si ce statut était par lui-même anormal !

Pendant des siècles, cette situation fut effectivement anormale au sens de la norme sociale en temps que situation la plus fréquente et la plus banale : être enfant unique fut longtemps une rareté pour ne pas dire une exception. Les fratries nombreuses étaient la règle et, par conséquent, être enfant unique représentait un état fondamentalement différent de la norme. La société n'aime pas les individus qui s'écartent trop de la norme, probablement parce qu'elle y voit un danger potentiel pour l'ordre établi.

N'avoir qu'un seul enfant laissait en outre planer de nombreux doutes quant à la sexualité des parents et aux pratiques qui pouvaient en assurer la maîtrise. En effet, en l'absence de tout contrôle de la fécondité, l'enfant était reçu comme un « don des dieux », et les naissances se succédaient comme autant de témoignages d'une « normalité » de la vie sexuelle du couple. L'enfant unique laissait suspecter une possible maîtrise sur cette fécondité dont l'origine ne pouvait être que douteuse, voire diabolique ! De ce point de vue, n'avoir qu'un enfant n'était pas très différent de la

stérilité et on sait que la stérilité était un signe de maléfice pour le couple et surtout la femme.
La mythologie est là pour nous montrer combien les enfants uniques sont à la fois exceptionnels et ont un destin funeste. Dans la plupart des mythologies, les fratries sont la règle, même si c'est souvent l'occasion de conflits plus ou moins sanglants entre ses membres au moment où surviendra le nécessaire partage. Dans la mythologie grecque, Œdipe est un des très rares enfants uniques pour ne pas dire le seul. Il est l'unique enfant de ses parents géniteurs (Laïos et Jocaste), mais il est aussi l'enfant unique de ses parents adoptifs (le roi Polybe et sa femme). Statut doublement identique où chaque fois se pose la question de la fécondité du couple des parents. Certes on peut considérer qu'Œdipe a eu des demi-frères et demi-sœurs à travers ses enfants incestueux ! Mais Étéocle, Polynice, Antigone et Ismène sont plus assimilés à la descendance d'Œdipe, ses enfants, qu'à ses demi-frères et sœurs. Être enfant unique est donc le symbole d'un destin particulièrement violent, destin qui contrevient aux lois les plus fondamentales de la société, puisqu'il s'agit de l'inceste.
Que de maux potentiels pèsent sur les épaules de l'enfant unique ! Ajoutons pour clore ces réflexions que le rôle essentiel de la fratrie est de confronter chaque enfant à l'obligation du partage : partage des parents, des biens et de l'héritage, c'est-à-dire partage affectif et matériel. Là encore les mythologies nous montrent que le pacte de partage entre membres d'une fratrie est souvent ce qui fonde une dynastie. L'enfant unique échappe à la nécessité de ce partage : tout lui revient ! Peut-être est-ce la raison de la forte ambivalence dont il est l'objet, suscitant l'envie d'un côté (n'y a-t-il pas en chacun de nous le secret désir d'être l'unique enfant de nos parents, ce qui s'exprime souvent par le souhait, la crainte d'être ou la nostalgie d'avoir été le préféré quand il y a d'autres frères ou sœurs), la crainte et la réprobation de l'autre (il n'est pas partageur par définition, et ce trait de caractère menace l'ordre social).

L'évolution de notre société, en particulier l'accession pour chaque couple et chaque femme à la maîtrise de la fécondité modifie radicalement les choses. Désormais il est facile de choisir le nombre d'enfants désirés. Les enfants uniques, s'ils sont encore loin d'être la règle, ne sont pourtant plus l'exception. Mais la maîtrise technique sur le processus biologique de la fertilité a laissé inchangés les fantasmes et l'imaginaire qui s'attachent à l'enfant unique. Certains travaux psychologiques ont d'ailleurs repris complaisamment ces *a priori* prédisant un sombre avenir tant aux parents d'enfant unique (s'agissait-il de les dissuader en leur promettant une éducation difficile ?) qu'à l'enfant lui-même.
Le mérite du présent ouvrage est de faire la part des choses sans agiter de menaces injustifiées ni magnifier le statut d'enfant unique. Écrit dans un style clair, reposant sur une expérience clinique riche, cet ouvrage permettra aux parents de mieux comprendre ce qui continue à faire la particularité des enfants uniques.
L'auteur montre parfaitement combien l'enfant unique est le pivot de la famille et combien cette place privilégiée est à la fois source de richesses mais aussi de difficultés. L'enfant en tire une « estime de soi » souvent solide et sûre mais il est aussi lié puissamment à ses parents et ce lien peut être une entrave majeure. Comme le précise l'auteur : toute éducation se finit par une perte parce que le plus grand acte d'amour est de laisser partir celui ou celle qu'on aime. On comprend que l'enfant unique et ses parents soient confrontés à une tâche douloureuse quand viendra à l'adolescence le moment de cette séparation. C'est la raison pour laquelle l'auteur analyse longuement cette adolescence, tout en montrant que celle-ci résulte aussi de l'enfance. Comment préserver cette enfance aux enfants uniques, c'est aussi ce sur quoi l'auteur insiste, car le risque est de plonger trop tôt et trop exclusivement dans un monde d'adultes cet enfant seul. S'il peut y gagner en maturité dans une sorte d'imitation (ou d'identification) précoce des adultes, s'il peut avoir dès l'enfance sa place reconnue et assignée parmi ceux-ci, l'enfant unique risque aussi de voir son

enfance dérobée et longtemps d'éprouver cela comme un manque. La solitude, sentiment souvent exprimé par les enfants uniques, peut être une souffrance comme une relative richesse !
Cet ouvrage plein de conseils et de recommandations permettra aux parents qui se retrouvent avec un seul enfant, quelles qu'en soient les raisons, de l'aider au mieux avec ce qui fait la richesse et la possible vulnérabilité du statut d'enfant unique.

Docteur Daniel Marcelli
Professeur de psychiatrie
de l'enfant et de l'adolescent
Centre hospitalier Henri Laborit, Poitiers

INTRODUCTION

Depuis le « baby boom » des années cinquante, les familles sont de plus en plus restreintes dans les pays industrialisés. Aujourd'hui, 20 à 30 % des familles (composées d'un ou deux parents) se limitent à un enfant unique. Cette évolution s'explique par plusieurs facteurs :

– l'accès plus large à la contraception et l'importance accordée au planning familial ;

– l'augmentation des moyens financiers nécessaires pour élever une famille nombreuse ;

– le désir des familles d'échapper aux rivalités frères/sœurs et aux situations plus complexes créées par les familles nombreuses ;

– la volonté de réussir à la fois la carrière professionnelle et l'éducation de l'enfant ;

– l'âge plus tardif des mariages ou des remariages ;

– la précocité des divorces qui ne laissent pas au couple le temps d'avoir plus d'un enfant ;

– une certaine inquiétude à propos de la surpopulation ;

– les difficultés de l'adoption pour les couples stériles ;

– et tout simplement le fait que beaucoup de couples décident qu'avoir un enfant unique, c'est suffisant.

Dans tous ces cas, la hausse du nombre d'enfants uniques relève du choix des parents.

Ce livre s'adresse aux futurs parents qui hésitent à fonder une famille constituée d'un seul enfant et à ceux qui ont déjà un enfant et qui, par choix ou involontairement, n'en auront pas d'autres. Cet ouvrage est destiné à les aider à comprendre certains problèmes et avantages de l'éducation d'un enfant unique et, avant tout, à dissiper deux mythes.

Mythe nº 1 : c'est moins contraignant d'élever un enfant que plusieurs. En réalité, c'est très astreignant car l'enfant unique est à la fois le premier et le dernier et donc la seule occasion pour un père et une mère d'être parents. Ils prennent généralement cette responsabilité très au sérieux : « *Nous voulons lui donner le meilleur de nous-mêmes, le faire bien et ne commettre aucune erreur susceptible de lui faire du mal.* » **Élever un enfant unique peut exercer une forte pression sur les parents**.

Mythe nº 2 : c'est plus simple d'élever un enfant que plusieurs. Il est vrai qu'avec un enfant unique, on échappe aux demandes conflictuelles et à la rivalité entre frères et sœurs. Il est vrai également qu'on réduit au minimum le nombre d'enfants à soutenir et à surveiller. Mais cette simplicité apparente entraîne souvent une plus grande complexité sur le plan psychologique. Les parents étant très préoccupés par leur enfant unique, le sentiment d'attachement peut devenir très fort, la prise de décision peut exiger une réflexion considérable, les séparations peuvent être très douloureuses. Laisser l'enfant quitter la maison peut se révéler très pénible et la relation parents/enfant peut rendre très vulnérable sur le plan émotionnel. « *Je n'avais jamais imaginé qu'il serait aussi difficile d'élever un enfant unique.* » **Avoir un enfant unique peut être complexe sur le plan relationnel.**

Avoir un seul enfant, comme en avoir plusieurs, est à double tranchant. Cela comporte certains atouts, mais aussi certains risques.

AVANTAGES...

– La possibilité d'accorder à son enfant toute l'attention et toutes les ressources disponibles ;
– l'occasion de bénéficier d'une grande intimité avec son enfant ;
– la possibilité de profiter pleinement de lui sans être absorbé par les autres enfants.

... ET INCONVÉNIENTS

– L'extrême attention portée à cet enfant peut lui donner un sentiment d'importance excessif et lui conférer des droits injustifiés ;
– l'intensité de l'attachement peut accroître la dépendance affective de l'enfant à ses parents ;
– les liens étroits qui unissent parents et enfant peuvent empêcher celui-ci de nouer de vraies amitiés avec ses pairs.

Comme ses parents, l'enfant unique a :
– à définir le plus justement possible son identité comme distincte de celle de ses parents ;
– à parvenir à se séparer affectivement de ses parents ;
– à poser les limites raisonnables de sa responsabilité ;
– à apprendre à vivre en termes d'échange et de réciprocité avec ses parents ;
– besoin d'avoir une vie sociale indépendante de celle de ses parents.

Ce livre décrit les nombreux problèmes souvent liés à l'éducation d'un enfant unique. Mener à bien l'éducation, de même que toute relation, est une question de choix. Nous espérons ainsi que, sensibilisés aux complexités de l'éducation d'un enfant unique, les parents seront encouragés à faire des choix qui tirent parti des avantages de ce statut et qu'ils seront plus conscients des difficultés potentielles. Mais de nombreux paramètres affectant les relations familiales et la croissance de l'enfant, le simple fait d'être

un enfant unique n'implique pas systématiquement certains traits de caractère et n'entraîne pas automatiquement certaines conséquences. Les problèmes abordés dans ce livre doivent donc être relativisés : la plupart d'entre eux s'appliquent à un grand nombre de familles d'enfants uniques mais aucun ne s'applique à toutes. La gamme des familles d'enfants uniques étant beaucoup trop variée pour établir un stéréotype, aucun caractère absolu ne les rassemble mais certains thèmes sont récurrents. Ainsi dans cet ouvrage, nous décrivons **des tendances et non des certitudes.**
En outre, les enfants uniques, comme tous les enfants, peuvent avoir des contradictions. Dans certains domaines, on les voit timides, dans d'autres, extravertis. Ils peuvent à la fois être sûrs d'eux et manquer d'assurance, égocentriques et attentifs aux autres, dépendants et indépendants. Comme les aînés sont enfants uniques jusqu'à la naissance du suivant, certains problèmes abordés dans ce livre sont également pertinents pour les aînés. Mais ils sont aussi valables pour les « petits derniers », nés bien après les autres, qui ont un statut à part et se retrouvent très tôt seuls avec leurs parents.

Mon expérience professionnelle m'a amené à rencontrer, au cours des années, un nombre très important d'enfants uniques accompagnés de leurs parents. Cette surreprésentation ne signifie pas que les enfants uniques ont plus de problèmes que les autres mais tient que les parents leur portent une attention exclusive et sont très sensibles à leur bien-être. Grâce à leur vigilance continuelle et à leur protection naturelle, ils mettent vite en route des actions préventives et cherchent conseil pour résoudre les problèmes au lieu de les laisser s'amplifier.

Globalement, j'ai toujours eu l'impression que les enfants uniques étaient extrêmement bien éduqués et je le pense encore. Leurs mères et leurs pères prennent très au sérieux leurs responsabilités familiales, ils se tiennent informés de ce qui se passe dans la vie de leur enfant et surveillent rigoureusement leur conduite.

Tout au long de ce livre, il est important de se souvenir qu'**avoir**

un enfant unique, ce n'est ni mieux ni moins bien qu'en avoir plusieurs. Vivre avec un enfant unique a des avantages et des inconvénients ; vivre avec plusieurs enfants présente d'autres avantages et d'autres inconvénients. La santé et le bonheur ne dépendent pas du nombre d'enfants et l'éducation n'est ni plus facile ni plus difficile avec un enfant qu'avec plusieurs. Choisir d'avoir un enfant unique accentue simplement une dynamique familiale particulière et encourage certaines tendances dans le développement individuel qui peuvent être un peu plus prononcées que dans les familles nombreuses.

I

IMITER POUR RESSEMBLER

L'imitation, clé de l'intégration

La personnalité, les valeurs morales et la conduite des parents ont une énorme influence sur le développement des enfants, particulièrement pendant les années sensibles de la petite enfance. Audelà de la ressemblance génétique, il y a trois forces interpersonnelles qui encouragent les enfants à imiter leurs parents.

□ Le mimétisme inconscient des jeunes enfants

La vie intérieure des adultes (ils s'acceptent comme ils sont ou se rejettent), leur relation aux autres (tolérants ou critiques) et leur approche du monde (avec confiance ou méfiance), tout cela influence inconsciemment les enfants. À leur insu, les enfants ont d'eux-mêmes tendance à adopter les mêmes convictions, les mêmes comportements et les mêmes attitudes. Grandir avec des parents pour qui le moindre choix est source d'inquiétude, par exemple, peut amener l'enfant à être lui-même angoissé quand il doit à son tour prendre des décisions. **Les jeunes enfants sont très affectés tout simplement par ce que sont leurs parents et la manière dont ils se comportent**.

☐ La volonté de ressembler à ses parents

L'admiration conduit les enfants à imiter leur mère ou leur père. Quand un jeune enfant répète comme un perroquet les opinions de l'adulte, il éprouve un sentiment d'entente satisfaisant : « *Nous pensons la même chose !* » Quand il aide un de ses parents à faire ou réparer quelque chose, il ressent un sentiment d'égalité très gratifiant : « *Moi aussi, je sais faire ce que tu fais !* » Quand il emprunte quelque chose qui appartient à ses parents, il éprouve un sentiment d'identification : « *Je peux utiliser ce que tu utilises !* » Les jeunes enfants veulent ressembler à leurs parents.

☐ Le désir des enfants de se conformer aux règles familiales

Les systèmes familiaux sont des systèmes de valeurs qui reflètent les convictions fondamentales des adultes en charge de l'autorité. L'autorité des parents s'exprime par une série de règles, de limites et d'exigences à l'intérieur desquelles les enfants peuvent grandir en sécurité et de façon responsable. **Or l'obéissance est un acte d'imitation**. Se comporter comme les parents le prescrivent est généralement récompensé par l'approbation. Les enfants ressentent un lien étroit avec leurs parents et sont « bien vus » quand ils se conforment aux attentes de la famille et se plient aux règles et aux exigences familiales. **Les jeunes enfants veulent plaire à leurs parents.**

Ces facteurs encouragent les enfants à imiter leurs parents dans la plupart des familles mais leur influence est accrue quand il n'y a qu'un enfant, y compris l'aîné des enfants jusqu'à la naissance du second. L'enfant unique se sent souvent moins libre que les autres d'être différent de ses parents parce qu'il n'y a pas de frère et sœur pour afficher des caractères différents et accroître ainsi la tolérance parentale envers les variantes individuelles et pour proposer une alternative dans le fonctionnement de la relation parents/enfant. Il n'y a pas de frères et sœurs avec lesquels s'identifier, il n'y a que les parents.

L'enfant unique naît et est élevé dans un monde familial d'adultes : « *Je ne l'ai jamais dit à mes parents, mais la raison pour laquelle je voulais un petit frère ou une petite sœur, c'était pour enlever un peu de leur pression sur moi. Comme ils me traitaient comme un des leurs, j'ai toujours eu le sentiment que j'étais supposé être comme eux. S'il y avait eu d'autres enfants dans la famille, je pense que mes parents m'auraient moins traité comme un autre adulte et plus comme un enfant et je me serais senti plus libre de me considérer moi-même comme un enfant.* »

C'est facile pour les parents d'encourager leur enfant unique à agir en adulte alors qu'il n'est encore qu'un enfant. Récompensé par leur approbation quand il manifeste précocement une certaine maturité (dans sa façon de parler ou de se tenir en société), l'enfant semble, dans de nombreuses situations, fonctionner comme un adulte. Cette apparence cependant peut masquer un manque. Il peut avoir renoncé à cette liberté précieuse d'être un enfant et d'agir avec immaturité. « *Je n'ai pas le souvenir que ça ait été bien d'être un enfant. J'étais toujours supposé agir comme si j'avais le même âge que mes parents.* » De plus, les parents peuvent trop présumer de la précocité de leur enfant en partageant avec lui des informations d'adultes (conjugales, financières, sexuelles) alors qu'il lui manque l'expérience de la vie pour les évaluer et les comprendre.

Le désir de ressemblance assure la transmission des valeurs familiales

L'enfant unique a tendance à se laisser diriger dans sa vie familiale par le besoin de ressembler à ses parents, ce qui peut être positif sur certains plans. Les enfants uniques sont capables d'être très clairs dans leurs convictions, sûrs d'eux-mêmes et éprouver un sentiment de cohésion avec leurs parents.

« *Je n'ai jamais eu aucun doute sur qui j'étais, ce qui était bien, quelle sorte de personne je voulais être. Aujourd'hui encore, mes valeurs – et même mes goûts – sont à peu près celles en lesquelles mes parents m'ont appris à croire. Ils me traitaient si bien et s'occupaient tellement de moi que je voulais faire de mon mieux pour devenir comme eux. C'est pour cela que nous sommes si bons amis maintenant que je suis adulte. Nous avions tant de choses en commun quand je grandissais et nous les avons gardées. J'avais plein d'amis adolescents qui se battaient pour ne pas ressembler à leurs parents. Moi pas.* »

Les parents d'enfants uniques ont souvent un sentiment de satisfaction quand ils réussissent à transmettre leurs valeurs à cet enfant unique qui comble tant de leurs attentes. Le souci de ressemblance peut créer une convergence des énergies à « faire plaisir » dans un cercle sans fin :

– plus l'enfant unique montre combien il ressemble à ses parents,
– plus les parents sont contents,
– plus ils l'expriment,
– plus l'enfant est content de lui-même,
– plus l'enfant a envie de continuer à leur faire plaisir,
– plus les parents sont contents de la ressemblance qu'ils voient.

Les enfants uniques possèdent souvent ce sentiment très profond et affirmé de l'héritage familial qui les relie à leurs parents : « *Je suis fier de porter les valeurs et les traditions de mes parents.* » C'est le désir d'honorer cet héritage qui rend ces enfants très prudents quand il s'agit de s'écarter de la philosophie et du style de vie qui leur ont été enseignés. Ils prennent des risques d'une autre façon mais évitent généralement de se démarquer violemment ou de défier la tradition familiale dans laquelle ils ont été élevés.

Communiquer l'expérience

Pour renforcer ce désir de ressemblance qu'ils observent chez leur enfant unique, les parents peuvent lui communiquer leur expérience et lui en montrer les avantages et les inconvénients.

Sa mère peut lui dire : « *Comme moi, tu t'intéresses à beaucoup de choses et tu souhaites tout approfondir. Cette multiplicité permet que la vie ne soit jamais ennuyeuse ; elle l'enrichit. Mais j'aimerais que tu saches que ça m'a coûté de continuer à faire tout ce que je fais. J'ai consacré beaucoup de temps et d'énergie pour réussir dans chaque domaine.* »

Son père peut lui dire : « *Comme moi, tu aimes bien dire franchement ce que tu penses. Et c'est bien. En général, les gens connaissent notre position. Ils savent ce que nous pensons et éprouvons. Mais ça m'a parfois amené des ennuis, de dire impulsivement des choses que j'aurais mieux fait, à la réflexion, de ne pas dire. C'est bien de donner son avis, mais c'est bien aussi de réfléchir avant de parler. Je me suis aperçu qu'il valait mieux parfois me taire, garder mes réactions et mes opinions pour moi.* »

En réfléchissant à ce qu'on lui a dit, l'enfant peut apprendre à grandir de façon constructive.

Quand les parents sont les seuls compagnons

Les « pairs » sont les individus du même âge qui forment le groupe social auquel on est apparenté. Comme l'enfant n'a ni frère ni sœur avec lesquels s'associer, ce sont les parents qui deviennent les pairs à la maison et ce sont donc eux qui exercent principalement la « pression des pairs » sur leur enfant. Non seulement ce sont eux qui édictent les normes et les règles, mais ils sont la seule compagnie possible dans la famille. Pour être accepté, l'enfant unique (comme tout enfant le fait dans le groupe de ses pairs) essaie de s'adapter et de séduire les pouvoirs en place dans un souci d'appartenance. Comme toute pression des pairs, celle qui est vécue par l'enfant unique est en partie fondée sur la crainte. L'enfant qui ne s'adapte pas et ne coopère pas risque de le payer par la désapprobation, la critique, le conflit, le rejet ou même l'exclusion. « *Je me souviens encore de la fois où j'ai critiqué mes parents parce qu'ils aimaient jouer aux cartes. Après cela, ils ne m'ont plus jamais proposé de jouer avec eux et j'avais le sentiment que quelque chose n'allait pas chez moi.* » L'enfant unique découvre rapidement que, s'il reçoit compliments et récompenses quand il imite ses parents, il risque de perdre provisoirement sa position s'il s'écarte de ce qu'ils veulent. **En n'ayant à la maison que ses parents comme compagnons, l'enfant unique doit se confronter à la pression de pairs qu'ils exercent.**

Le risque pour l'enfant unique qui s'efforce de ressembler à ses parents est de gommer son individualité, soit pour se faire bien voir, soit pour éviter de les décevoir. « *En étant le seul enfant, j'étais tout pour mes parents et ils étaient tout pour moi. Ils adoraient que j'adore ce qu'ils adoraient. Et quand je leur ai dit que je voulais faire les mêmes études qu'eux et peut-être réaliser les mêmes choses, ils étaient ravis. Comment aurais-je pu leur dire que je voulais en réalité faire autre chose, vivre une vie entièrement différente de la leur ? Quelle aurait été leur réaction après tout ce qu'ils avaient fait pour moi ? J'ai donc fait de mon mieux pour me conformer et j'ai continué.* »

Beaucoup de parents ne se rendent pas vraiment compte de l'énorme influence qu'ils ont sur leur enfant, ni de la pression qu'ils exercent pour qu'il adopte leur comportement et leur fasse plaisir. L'enfant peine bien souvent sous cette pression. C'est habituellement la coexistence de plusieurs enfants dans une famille qui réduit la « pression des pairs » exercée par les parents : les frères et sœurs constituant un groupe de pairs opposé auquel chaque enfant appartient aussi. On compare alors les enfants entre eux et non plus l'enfant unique avec ses parents (la rivalité frère/sœur créant alors d'autres problèmes).

De plus, l'attention parentale exclusive accordée auparavant à l'enfant unique est diluée et répartie sur plusieurs enfants. Aucun enfant n'est l'unique objet de la préoccupation de ses parents. L'influence mutuelle grandissante des frères et sœurs leur donne des modèles alternatifs. À mesure que les enfants se différencient et montrent leur singularité, les parents tolèrent de mieux en mieux la diversité et font de moins en moins pression pour que leurs enfants leur ressemblent.

Quand un enfant unique grandit, il peut avoir du mal à affirmer son individualité et à lui rester fidèle si jamais elle se trouve en opposition avec la personnalité de ses parents ou avec ce qu'ils attendent de leur enfant. C'est pourquoi les défis de l'adolescence sont souvent si douloureux pour les enfants uniques.

Certains changements propres à l'adolescence peuvent sembler effrayants à l'enfant unique parce qu'ils le conduisent à dévier des normes et des règles familiales. Il peut lui sembler difficile :

- de se rebeller contre ce qu'il était quand il était enfant ;
- d'opposer plus de résistance à l'autorité parentale ;
- d'expérimenter des identités différentes susceptibles de heurter ses parents ;
- de se séparer de ses parents dans sa vie sociale et de rechercher des amitiés personnelles ;
- de se battre pour obtenir plus de liberté que les parents ne veulent bien lui en donner.

Dans certains cas, la crainte est si grande que l'adolescent préfère retarder son adolescence plutôt que de risquer de tendre ses relations avec ses parents en voulant exprimer son individualité et gagner son indépendance, ce qu'exige cette période de croissance.

Comme le désir de ressembler est très puissant dans la vie des enfants uniques, il est bon que les parents soient conscients de la « pression de pairs » qu'ils exercent (bien que ce soit habituellement involontaire) et qu'ils doivent la réduire dans la mesure du possible.

Ce qu'il vaut mieux éviter

– Trop faire l'éloge de la ressemblance (« *Bravo, tu as fait comme nous !* ») ;
– critiquer l'enfant quand il affiche ses différences (« *Nous ne comprenons pas comment tu peux écouter une musique aussi nulle !* ») ;
– pratiquer l'exclusion pour le punir de ses mauvaises actions ou de ses erreurs (« *Si c'est comme ça que tu agis, tu n'as qu'à te débrouiller tout seul* ») ;
– transformer en compétition tout ce que vous faites ensemble car la compétition peut encourager la ressemblance en entraînant les deux parties à se disputer la suprématie dans une activité commune (« *Essaye donc de me battre si tu peux !* ») ;
– faire croire à l'enfant que votre acceptation dépend de la ressemblance (« *Notre amour pour toi dépend du fait que tu fais tout comme nous et que tu aimes les mêmes choses que nous* »).

Ce qui est important

– Soutenir l'enfant dans sa diversité (« *C'est bien, tu l'as fait à ta façon !* ») ;
– faire clairement savoir que la plupart des différences entre vous sont une source de richesse et non de division (« *Tu nous apprends des choses en nous donnant un autre point de vue* ») ;
– informer votre enfant, vers 9 ou 10 ans, des frictions qui peuvent se produire à l'adolescence (« *Comme tu commences à vouloir plus d'indépendance, c'est normal qu'il y ait une période pendant laquelle nous serons parfois en désaccord sur ta liberté. Ne t'inquiète pas si, dans quelque temps, tu souhaites passer plus de temps avec tes amis qu'en famille* »).

II

FAMILLES À DEUX... OU À TROIS...

Comment la composition de la famille influe-t-elle sur l'enfant ?

L'absence de frères et sœurs

La présence et l'absence de frères et sœurs influent l'une et l'autre sur le développement d'un enfant. L'enfant unique, en n'ayant pas de frères et sœurs, est influencé par le fait de grandir dans une famille d'adultes, sans autres enfants avec lesquels interagir à la maison. Ces deux influences peuvent être des atouts pour l'enfant unique.

□ Seul enfant à la maison : quel bonheur !

Être le centre exclusif de l'amour parental peut donner un intense sentiment d'importance de soi et soutenir l'enfant, seul bénéficiaire de tout ce que ses parents ont à offrir. Le témoignage suivant est révélateur des avantages de cette structure familiale : « *J'ai adoré être enfant unique. Pas de compétition auprès de mes parents. Personne avec qui me comparer à leurs yeux. Personne pour me prendre mes affaires et me rendre jaloux. Pas besoin de me battre pour avoir mon dû. J'ai reçu tout ce que mes parents avaient à donner.* » **À l'intérieur de la famille, les enfants uniques peuvent ressentir assurance et sécurité sur le plan social.**
La socialisation avec des adultes leur procure un autre avantage. Les enfants uniques paraissent souvent en avance sur le plan du

langage et des relations sociales. Ils parlent très tôt car ils se sentent encouragés à imiter leurs parents et ils sont capables de déployer une assurance inhabituelle en société pour établir une relation avec les amis adultes de leurs parents. « *Comme tu es mûr !* » est un compliment souvent adressé aux enfants uniques qui, grandissant en compagnie d'adultes, apprennent à agir en adultes. **Les enfants uniques peuvent être verbalement et socialement précoces**.

Se construire sur cette maturité sociale comporte sans aucun doute des avantages. L'assurance surprenante de l'enfant unique peut être un atout quand il entrera dans le monde social des adultes. Quand on est un enfant, c'est un privilège que d'être à l'aise avec les adultes et de pouvoir discuter de ses besoins avec des adultes suffisamment responsables pour apporter leur aide.

« *Si ça t'intéresse de travailler dans un journal* », suggère le parent, « *pourquoi n'appelles-tu pas le rédacteur de ton quotidien pour voir s'ils prennent des étudiants ?* » Et l'adolescent enfant unique, contrairement à ses pairs de familles nombreuses qui pourraient craindre une telle initiative, n'est pas intimidé et fait ce qu'on lui a suggéré. Un enfant unique plus jeune, habitué à converser avec des amis de ses parents, peut être encouragé à interviewer l'un d'eux dans le cadre d'un projet scolaire. **Grâce à sa fréquentation des adultes, l'enfant unique acquiert une certaine aisance en société et il est bien armé pour approcher le monde adulte**.

□ Pas de rivalité mais une maturité affective retardée

En revanche, le manque de frères et sœurs peut affecter le développement de l'enfant unique. Étranger aux remous de la rivalité frère/sœur, ne connaissant ni la compagnie, ni les conflits, ni les jeux à la maison, les enfants uniques peuvent souffrir d'un manque sur le plan de la **maturité affective**.

La maturité psychologique n'est pas acquise génétiquement. Elle se gagne et nécessite un apprentissage. Elle s'acquiert par la compréhension de soi, la mise en place de projets réalistes et de choix effectifs. Cela ne vient pas tout seul et ne peut s'apprendre que par l'expérience. **Ce qui manque à l'enfant unique, au moins à la maison, ce sont les aléas de la vie en commun, la faculté de « donner et de prendre », les bousculades de la vie avec des frères et sœurs, toutes expériences très instructives sur le plan de la maturité affective.**

Les parents ont tendance à tenir compte des sentiments de leur enfant unique et à les protéger. Ils veulent gérer les frictions entre eux avec gentillesse et attention. Non seulement ils veulent éviter qu'il arrive du mal à leur enfant chéri, mais ils ne veulent pas eux-mêmes lui causer du tort. C'est pourquoi, quand il y a désaccord, conflit ou punition, les parents d'enfants uniques ont tendance à faire très attention à ce qu'ils disent et à la façon dont ils le disent. « *Nous parlons très prudemment de ce qui est négatif parce que notre enfant est très vite blessé par ce qui ressemble à une critique de notre part. Notre relation est si intime que toute expression de notre désapprobation est ressentie en profondeur. Et pour être honnête, c'est à double sens. Nous voulons faire plaisir à notre enfant tout autant qu'il veut nous plaire. Nous finissons donc par faire tout notre possible pour être diplomates et ne blesser personne.* »

Cette attitude protectrice a beau être compréhensible, elle peut entraver une croissance affective solide. Plus les parents traitent leurs enfants avec précaution, plus ils renforcent l'idée qu'ils sont fragiles et qu'ils risquent d'être blessés par l'expression de sentiments violents. L'enfant unique peut, en conséquence, développer un sentiment de fragilité affective : « *Je déteste les gens qui sont méchants ou mal élevés et je ne supporte pas les conflits.* »

Dans cette relation pleine de sollicitude qui exacerbe la sensibilité, on épargne à l'enfant les éraflures affectives quotidiennes qui sont le lot des rapports entre frères et sœurs. Alors que ceux-ci, grandissant ensemble, se sentent souvent libres de :

– manœuvrer pour dominer ;
– rivaliser pour avoir la faveur des parents ;
– se moquer de l'autre pour le rabaisser ;
– lancer des insultes pour affirmer la domination verbale ;
– se battre pour passer le premier et obtenir plus que l'autre ;
– exprimer des sentiments violents causés par les frustrations quotidiennes ;
– se disputer à propos de leurs différences ;
– provoquer un conflit pour évacuer les exaspérations et les déceptions ;
– laisser leur intérêt personnel et leur impulsion régir les relations.

Contrairement à la relation parents/enfant unique, les frères et sœurs ne se sentent pas obligés, en général, d'agir avec autant de considération ou d'attention les uns envers les autres. Ils ont l'habitude des conflits intermittents, des blessures de sentiments, de la colère ; ils gèrent les différences directement et trouvent généralement, après la bataille, une façon de se réconcilier et de redevenir bons amis. C'est d'abord avec leurs amis, puis dans les relations amoureuses, que les enfants uniques doivent faire un peu de « rattrapage affectif ».

• Ils peuvent avoir du mal à tolérer la frustration et se montrer impatients à être satisfaits (« *Je suis habitué à avoir ce que je veux quand je veux* »).
• Ils peuvent prendre comme une attaque personnelle des affronts involontaires ou des hasards malheureux (« *Je sais seulement qu'ils l'ont fait exprès* »).
• Ils peuvent prendre les choses trop à cœur et sont volontiers rancuniers (« *Ça me met encore en colère rien que d'y penser* »).
• Ils ne peuvent s'engager dans une relation importante qu'à la condition de se sentir assez forts pour être en sécurité sur le plan affectif (« *Je ne vais pas faire quelque chose qui risque de me mettre mal à l'aise* »).
• Ils peuvent être réservés et se protéger de leur vulnérabilité (« *Je ne veux pas discuter de ça* »).

• Ils peuvent avoir du mal, en raison de leur inexpérience, à accepter les compromis pour régler un conflit afin que chacun soit satisfait (« *Le seul choix, c'est de faire comme je veux, comme tu veux ou rien du tout* »).

Cette immaturité affective est habituellement compensée par l'expérience qu'ils acquièrent en grandissant. « *Cela m'a pris des années pour comprendre que la façon dont mes parents et leurs amis me traitaient n'étaient pas un modèle réaliste applicable à l'amitié et à la vie de couple. Quand j'étais enfant, ils m'accordaient tellement de considération que je n'ai pas appris à prendre et à donner sur le plan affectif. Je sais maintenant qu'être triste ou malheureux est tout simplement inhérent à la vie.* »

□ Ce que les parents peuvent faire

Même si les enfants uniques semblent souvent socialement mûrs et assurés avec les adultes, ils peuvent, en raison de leur immaturité, éviter de jouer avec des enfants de leur âge et préférer la compagnie soit des plus âgés, soit des plus jeunes. Si cette préférence devient prédominante, il est bon que les parents usent d'autorité pour favoriser la socialisation de leur enfant avec des groupes d'enfants du même âge. L'école est certes une occasion, mais c'est souvent insuffisant. Il ne faut pas hésiter à prendre des mesures supplémentaires pour aider l'enfant à acquérir l'expérience sociale nécessaire à sa maturation affective.

• La halte-garderie et la maternelle permettent à l'enfant unique de vivre un peu de cette bousculade propre au groupe de ses pairs. Inviter des amis, aller chez eux ou fréquenter les voisins peuvent également favoriser l'ouverture. À l'âge préscolaire, il est possible que l'enfant préfère la compagnie de ses parents. Si c'est le cas, c'est à eux de prendre des initiatives qui vont aller contre sa préférence. « *Nous pouvons encore jouer ensemble mais je veux que tu apprennes à aimer jouer avec d'autres enfants.* » L'enfant a besoin d'apprendre à se frotter aux autres et à se faire des amis pour mûrir affectivement.

• Les parents remarqueront parfois certains comportements de leur enfant quand il joue en groupe : une réticence à partager et à faire des compromis ou l'incapacité de donner son avis et de s'y tenir. Cela vaut la peine d'en parler avec lui, car une des responsabilités des parents est d'expliquer le monde à leur enfant. « *S'entendre avec les autres peut être difficile. Une des solutions est que chacun cède un peu pour avoir tous les deux envie de jouer ensemble. Tu peux aussi dire à l'autre ce que tu aimes et ce que tu n'aimes pas, parce qu'il ne peut pas deviner si tu ne lui dis pas.* »

• À l'intérieur de la famille, les parents peuvent essayer de servir de modèle, d'encourager à partager les sentiments, de ne pas éviter le conflit mais de gérer les différences avec assurance et franchise. « *Quand tu n'aimes pas la façon dont nous agissons ou ce que nous avons fait, nous voulons que tu nous dises comment tu le ressens, toi. Souviens-toi que nous pouvons ne pas apprécier la façon dont l'autre agit et nous aimer toujours autant.* »

Si les parents traitent leur enfant unique comme un être fragile sur le plan affectif, il s'attendra à être traité ainsi par les autres et aura tendance à se traiter ainsi lui-même.

Si les parents essaient de protéger leur enfant en n'exprimant pas leurs éventuels sentiments violents ou s'ils ne lui permettent pas de le faire, l'enfant pourra avoir, plus tard, des difficultés à supporter les sentiments négatifs ou trop intenses. L'éducation est un processus de préparation et la protection un acte de prévention. Si l'on protège trop l'enfant sur le plan affectif, on peut l'empêcher de se préparer à grandir.

Vivre avec un parent seul : la famille monoparentale

Quand l'abandon, la mort ou le divorce laisse un parent tout seul avec la responsabilité d'un enfant unique, la plupart du temps, il noue, avec son enfant un lien plus étroit. En perdant le contact avec un de ses parents, l'enfant unique (surtout à l'âge de l'école primaire) a tendance à se raccrocher à celui qui reste. Pour lui assurer stabilité et sécurité, le parent isolé, en retour, se rapproche souvent de l'enfant. C'est donc un nouveau lien qui s'établit, alors que le parent isolé et l'enfant unique s'engagent dans une nouvelle relation à deux dont dépend désormais le soutien de la famille nucléaire. **Avec la multiplication des familles monoparentales un grand nombre d'enfants uniques vivent avec un parent seul**, c'est donc loin d'être une situation exceptionnelle.

□ Une situation dont on peut tirer parti

L'enfant et le parent peuvent se dire : « *On n'est plus que nous deux, donc on a besoin de se tenir les coudes.* » Un sentiment de partenariat se développe à partir de cette confiance mutuelle et ce sentiment peut présenter certains atouts.

Dans un foyer à deux parents, on peut faire beaucoup pour l'enfant unique. Les parents ont souvent comme préoccupation principale la satisfaction de ses désirs. Dans une famille monoparentale, cependant, on a tendance à sacrifier l'indulgence envers l'enfant unique à une priorité plus grande : le bien-être et la survie du noyau familial. L'enfant participe habituellement au soutien de la famille en assumant plus de tâches ménagères et d'initiatives pour se prendre en charge. Cette contribution rend l'enfant plus conscient des besoins de la famille. Si l'on compare avec un foyer composé des deux parents, un parent isolé demande à son enfant plus de travail, lui laisse moins de liberté de choix et ils s'accordent tous deux à faire passer le bien-être de la famille avant le plaisir de l'enfant.

« *Voyez-vous, je suis le seul parent. Si je mets ma fille sur un piédestal et si je réponds à ses besoins aux dépens des nôtres ou des miens, la famille s'effondre. Je dois me tenir à mes priorités : c'est moi d'abord, nous en deuxième et elle en troisième. Quand je suis trop fatiguée pour faire ce qu'elle veut ou faire ce qu'il y a à faire, elle doit me laisser me reposer. Et quand j'ai besoin qu'elle m'aide, elle le fait.* »

□ Un nouveau statut pour l'enfant

Pour beaucoup d'enfants uniques, le passage à un foyer monoparental est ressenti **à la fois comme une promotion et comme une régression** dans le statut familial. C'est une promotion parce qu'il prend de nouvelles responsabilités dans la famille et c'est une rétrogradation car il doit apprendre à subordonner son intérêt personnel et sa personne au bien de la famille dans son ensemble.

Le parent qui se retrouve seul éprouve une sensation de resserrement : il a plus à faire et il est le seul adulte. Le parent isolé se tourne donc vers l'enfant unique et lui demande plus dans tous les domaines – travail, aide, responsabilité, autonomie, considération, participation aux décisions familiales. L'enfant doit apprendre à se passer de certaines choses et à accomplir des tâches qu'il n'aime pas nécessairement.

« *Tout a changé depuis que nous avons perdu papa. J'ai dû grandir vite. Je suis devenu l'homme de la maison parce que maman a dû dépendre de moi. C'était difficile mais tout n'était pas négatif. Elle tenait compte de mes opinions et appréciait mon aide. J'ai appris à faire beaucoup de choses et je me sentais confiant.* »

Donner plus de responsabilités familiales à un jeune enfant accroît souvent ses compétences et améliore son estime de soi.

C'est ainsi que les parents qui lâchent la bride à l'enfant en lui donnant plus de liberté pour édicter ses propres règles et s'ouvrir à la vie sociale, lui enseignent la responsabilité, quitte à lui faire courir des risques. Désormais à la merci de ses propres décisions, l'enfant est tenu responsable des conséquences des choix qu'il fait : c'est lui qui est crédité des bons choix mais c'est lui aussi qui doit reconnaître et corriger ses erreurs. Dans les foyers monoparentaux, les enfants uniques ont tendance à prendre des responsabilités plus tôt que ceux qui vivent avec leurs deux parents parce qu'ils ont plus d'indépendance et qu'on sollicite plus leur assistance.

En jouant sur cet atout, les pères ou mères isolés peuvent faire de cette grande prise de responsabilité un thème central de leur éducation en le reliant au désir d'indépendance grandissant de l'enfant : « *Je vais prendre le risque de te donner plus de liberté tant que tu me donnes des informations exactes sur tes activités et la preuve continue que tu te conduis en être responsable.* » Quand viennent les années plus difficiles de l'adolescence, les parents seuls ont instauré chez leur enfant une base solide de responsabilité de laquelle ils dépendent et sur laquelle ils peuvent compter.

Il y a un autre atout qu'ils cultivent fréquemment. Grâce à son expérience d'enfant agissant comme un partenaire de travail avec le parent seul, l'enfant unique apprend aussi à devenir quelqu'un qui tient ses engagements et en qui les autres peuvent avoir confiance. C'est une qualité qui met l'enfant en bonne position dans ses futures relations professionnelles et affectives.

□ Se poser en partenaire du parent : un risque pour l'enfant

Grandir, c'est acquérir la capacité de passer de la dépendance à l'indépendance. C'est en assumant progressivement de plus en plus de responsabilités qu'on acquiert ce pouvoir. L'un des risques que court l'enfant unique est de dépasser les limites de la responsabilité qui lui a été confiée. Être un partenaire, ce n'est pas être un partenaire **égal** à l'autre.

Le parent isolé est parfois obligé de préciser les limites concernant la prise de responsabilité de l'enfant. « *Ce n'est pas parce que je veux que tu comprennes et que tu m'aides à réfléchir à nos dépenses que ça veut dire que c'est à toi de choisir. C'est à moi de déterminer ce que nous pouvons nous permettre.* » L'enfant unique doit comprendre que sa contribution ne garantit pas le résultat, qu'influence ne veut pas dire contrôle, que responsabilité ne signifie pas autorité, que les adultes ne subissent pas les mêmes règles que les enfants et qu'être un « partenaire » au sein de la famille ne lui donne pas droit à une parole égale. Il arrive que l'enfant unique d'un parent seul prétende à plus de responsabilité que cela n'est justifié.

Quand arrive un rival

Le sentiment de partenariat de l'enfant dans la famille peut provoquer des difficultés et de sérieuses tensions quand le parent isolé s'engage dans une relation amoureuse ou décide de se remarier. Le parent peut alors voir son enfant se dresser contre cet engagement affectif. L'enfant proteste : « *Je ne l'aime pas !* », « *On n'a pas besoin d'elle !* », « *Il n'est pas de la famille !* », « *Elle se met entre nous !* » Le partenariat avec le parent seul a donné à l'enfant un sentiment de propriété et il se sent protecteur de leur relation ; il est donc très réticent à l'idée de laisser entrer un rival. Dans la plupart des cas, c'est l'enfant du sexe opposé au parent qui se sentira le plus menacé, ne voulant pas céder à un étranger son rôle familial bien établi « d'homme » ou de « femme » de la famille. Comment va faire le parent isolé pour démanteler l'ancien partenariat avec l'enfant unique et faire de la place à un nouveau conjoint ? Contrarié par l'opposition de l'enfant, le parent peut se mettre en colère : « *Tu ne vas pas m'empêcher de me marier !* » Ou bien, ne voulant pas affronter la tristesse de l'enfant, le parent seul va revenir sur son engagement : « *Je ne peux pas t'épouser parce que ça perturbe trop mon enfant.* »
Aucune de ces deux réactions n'est la bonne. Dans les deux cas, le parent refuse d'accepter et de composer avec les sentiments de peur, de trahison et de perte de l'enfant unique. Il vaut mieux, dans le premier cas, affirmer à l'enfant que le remariage gardera intact l'amour de ses parents pour lui. Et, dans le deuxième cas,

ne pas donner à l'enfant le pouvoir exorbitant d'empêcher son parent de s'engager dans une histoire d'amour. **Un enfant unique peut devenir possessif dans le cadre de sa relation avec le parent seul**.

□ Accorder à l'enfant sa juste place dans la famille

Comment le parent isolé peut-il aider son enfant unique à projeter leur partenariat ? Il lui faut préciser en permanence la place de l'enfant dans le cercle social du parent et préciser continuellement ce dont l'enfant peut décider ou non.

Par exemple, chaque fois qu'une nouvelle responsabilité lui est confiée (l'enfant unique a le droit de prendre un travail à temps partiel), le parent isolé peut poser clairement les limites d'une décision unilatérale et partagée. « *C'est **moi** qui décide où tu peux travailler et si tu peux travailler sans perturber ton travail scolaire. C'est **nous** qui décidons ce que tu mets de côté et combien d'heures tu travailles par semaine. Et c'est **toi** qui décides comment dépenser l'argent qui te reste et comment tu te comportes au travail.* »

□ « Vivre sa vie » : un devoir pour le parent seul, une protection pour l'enfant

Pour empêcher un enfant unique de devenir indûment possessif du parent seul, le parent doit insister pour avoir sa propre vie sociale séparée. « *C'est moi qui décide de sortir. J'adore être avec toi mais je veux aussi avoir des amis adultes. Je veux garder la possibilité d'avoir une relation amoureuse, peut-être même un jour de me remarier. Je te promets que, si une relation devient sérieuse, je te le dirai et que tu auras du temps pour connaître la personne. Si nous décidions de nous marier, j'aurai toujours assez d'amour pour toi. Tu seras toujours mon enfant et nous trouverons tous les trois ensemble les nouveaux ajustements nécessaires pour que nous formions une famille.* »

L'INDISPENSABLE MAINTIEN D'UNE VIE SOCIALE ACTIVE

• L'enfant a besoin de savoir qu'il n'est pas le principal **compagnon** du parent (car l'enfant risque alors de restreindre sa vie sociale pour le bien du parent).
• L'enfant a besoin de savoir qu'il n'est pas le principal **confident intime** du parent (car l'enfant risque d'être accablé par la dépendance affective de l'adulte).
• L'enfant a besoin de savoir que le parent n'est pas son seul **soutien** (car l'enfant ne pourrait alors compter sur aucun autre adulte en cas d'urgence).

L'enfant unique et ses deux parents

Quand les parents ajoutent un deuxième enfant à la famille, la transition peut être douloureuse pour ceux qui doivent abandonner l'enthousiasme exclusif qu'ils portent au « numéro un » pour réserver de l'amour pour le « numéro deux ». Ils doivent alors décider à quel enfant répondre en premier quand tous deux réclament l'attention. Le choix est parfois difficile à faire pour décider quel enfant en a le plus besoin. Quand ils doivent diviser leur attention entre plusieurs enfants, les parents éprouvent souvent un sentiment de conflit intérieur, d'insuffisance et de culpabilité jusqu'alors inconnu. « *On ne peut pas donner à deux enfants tout ce qu'on donnait à un seul. Notre aîné reçoit donc moins et le deuxième ne reçoit pas autant que ce qu'on a donné au premier.* »

□ Au cœur de la relation conjugale : une place de choix

Élever un enfant unique donne un sentiment de luxe. Les parents n'ont pas à s'inquiéter de donner à l'un aux dépens de l'autre, ni de devoir partager équitablement entre des enfants qui réclament et contestent. Ils peuvent continuer à se préoccuper uniquement de l'enfant qui les a amenés ensemble sur cette nouvelle voie.

Avant l'arrivée de l'enfant, ils n'étaient que des partenaires, un mari et une femme. Ils sont maintenant parents, une mère et un père. **Comme c'est l'enfant unique qui les a faits devenir parents, il est souvent considéré comme faisant partie de l'union adulte.**

Fortifiés par autant d'amour donné sans partage, l'enfant aîné et l'enfant unique peuvent ne pas sentir de séparation avec leurs parents et avoir le sentiment de faire partie de l'amour conjugal qui les unit tous. Les parents considèrent l'enfant comme « l'un de nous », comme partie intégrante de leur nouvelle relation en tant que parents. Quand le deuxième enfant arrive, cette attitude change généralement puisque les deux enfants sont renvoyés à « tous les deux », l'aîné devenant alors juste « un des enfants ».

Si, dans un foyer monoparental, l'enfant unique peut avoir le sentiment d'être un membre de l'équipe qui conduit la famille, quand il y a les deux parents, le sentiment d'appartenir à la relation entre la mère et le père peut donner à l'enfant l'impression de faire partie du couple. « *Surtout quand j'étais jeune, on ne faisait pas beaucoup de distinction sociale entre mes parents et moi. Ils étaient attachés à moi et j'étais attaché à eux. J'ai toujours senti que l'un ou l'autre s'occupait de moi. Quand j'ai été assez grand pour avoir mes opinions, ils me consultaient dans les décisions familiales. Je me suis rarement senti exclu. S'ils étaient assis sur le canapé, je me glissais au milieu. S'ils parlaient, je faisais partie de leur conversation. Quand ils sortaient faire quelque chose, en général ils m'emmenaient. Ils faisaient tout pour que j'aie le sentiment d'être une partie d'eux. Je suppose que, si vous m'aviez questionné sur leur couple, j'aurais dit que j'étais au milieu.* »

Ce sentiment de faire partie intégrante du couple présente des atouts importants à l'enfant unique.

• Il éprouve un très grand **sentiment de sécurité** qui vient de cet ancrage profond dans la relation conjugale.

• Il éprouve un **sentiment d'intimité** qui permet à l'enfant de se sentir connu et de connaître ses parents en profondeur.

• Il éprouve un **sentiment d'égalité** avec les parents qui l'encouragent à parler franchement et à ne pas être intimidé par leur autorité d'adulte.

• Il ressent l'expérience d'être inclus dans les conversations des parents, dans leurs relations sociales, dans leurs activités extérieures, ce qui lui donne une **ouverture considérable sur le monde adulte**.

Ce sentiment d'appartenance permet de construire l'estime de soi quand il procure à l'enfant le sentiment d'un statut adulte mais il est problématique quand l'enfant oublie qu'il est encore un enfant. Un des défis pour les parents est de permettre la socialisation de l'enfant avec des compagnons de son âge afin qu'il n'abandonne pas une enfance normale avec ses pairs au bénéfice de la compagnie des adultes. Les parents doivent aussi veiller à ne pas élever l'enfant au niveau d'un adulte qui en ferait un petit chef dans la vie familiale : « *J'ai autant le droit que vous de décider ce qui doit se passer dans cette famille !* » Non, l'enfant n'a pas ce droit. **Les parents sont des adultes. Les enfants sont des enfants.**

□ Les conflits conjugaux : l'enfant unique pris au piège

Le fait de se sentir en sécurité au milieu du couple parental peut générer de l'angoisse quand les parents ne s'entendent pas bien. L'enfant unique, qui connaît intimement la relation entre son père et sa mère et vit dans une grande harmonie émotionnelle avec chacun d'eux, se sent pris désormais au milieu de leurs tensions et de leurs conflits.

Quand le couple ne va pas bien, l'enfant unique peut ressentir de l'insécurité. « *Ça a été le pire moment de ma jeunesse. Mes deux parents m'aimaient mais ils ne s'aimaient pas. Je souffrais terriblement. J'étais leur unique source de bonheur familial. La souffrance qu'ils ressentaient quand ils étaient ensemble devenait ma souffrance. Je me demandais même parfois si c'était de ma faute. Est-ce qu'ils restaient ensemble juste pour moi ? Je faisais tout ce que je pouvais pour les aider à faire tenir leur mariage et, devant la vanité de mes efforts, j'ai pensé que j'avais échoué avec les deux personnes que j'aimais. Ils faisaient pression pour que je prenne le parti de l'un contre l'autre et il leur arrivait de me renvoyer l'un à l'autre. Leur lutte m'a déchiré.* »

Le versant négatif de l'intimité avec les parents est que l'enfant unique est très sensible à l'harmonie du couple parental et qu'il a tendance à se sentir responsable de sa solidité. Le plus douloureux, c'est quand un enfant unique est placé entre deux parents qui s'opposent.

• L'enfant risque d'être utilisé comme une **arme**. Un des parents affirme que l'enfant est de son côté : « ***Nous*** *ne savons pas comment tu peux prétendre être un père responsable et rentrer à la maison aussi saoul.* »

• L'enfant risque de servir de **gage**. Un des parents peut manipuler l'enfant unique pour piéger l'autre : « *Si tu veux savoir pourquoi on n'a plus d'argent, demande à ta mère.* »

• L'enfant risque d'être utilisé comme un **médiateur**. Les parents peuvent charger l'enfant de résoudre leurs problèmes conjugaux : « *Essaie de voir si tu peux faire en sorte que ton père (ou ta mère) me pardonne.* »

Un enfant unique ne peut pas s'allier avec un de ses parents sans s'éloigner en même temps de l'autre.

□ Trouver l'équilibre et préserver l'enfant

Les problèmes que soulève l'appartenance au couple parental sont le fait de distinctions et de séparations floues. Voici ce qu'il faudrait communiquer, en mots et en actions :

– « *Nous formons tous les trois une famille* » (ce qui affirme qu'on est ensemble) ;

– « *C'est nous deux qui formons le couple* » (l'enfant est ainsi séparé du lien conjugal) ;

– « *Nous sommes tous deux des adultes* » (ce qui établit la distinction adulte/enfant) ;
– « *Tu es notre enfant* » (ce qui confirme l'engagement parental) ;
– « *Notre devoir est de prendre soin de toi ; tu n'as pas à prendre soin de nous* » (ce qui attribue clairement la responsabilité).

QUELQUES ATTITUDES POUR ÉPARGNER L'ENFANT LORS DE CONFLITS CONJUGAUX

- Ne pas utiliser l'enfant comme refuge affectif ou soutien quand il y a un problème avec le conjoint (« *Au moins, mon enfant m'aime* »).
- Ne pas faire porter à l'enfant la responsabilité du conflit conjugal (« *On se dispute à cause de toi* »).
- Ne pas demander à l'enfant de prendre parti (« *Qui a raison, à ton avis ?* »).
- Ne pas se plaindre de l'autre parent à l'enfant (« *Il ne fait jamais ce qu'il a promis* », « *Elle fait tout de travers* »).
- Ne pas comparer l'enfant à l'autre parent sur des points négatifs (« *Tu es aussi têtu que ta mère* », « *Tu as le sale caractère de ton père* »).

Ces suggestions ne signifient pas que les parents d'enfant unique doivent toujours s'entendre. Ce serait une attente irréaliste car la vie de couple a naturellement des hauts et des bas. Le problème est de réussir à gérer ces tensions, ces bouleversements et ces conflits de façon que l'enfant ne se sente pas en danger, ne se sente pas pris au milieu, qu'il n'ait pas le sentiment d'être en faute ni d'être chargé d'améliorer les relations.
Dans ce but, les parents peuvent prévenir l'enfant, vers 6 ans ou plus, suivant la maturité de l'enfant : « *Nous voulons que tu saches que, parfois, dans notre couple, nous ne sommes pas d'accord. C'est vrai pour tous les couples. Comme nous sommes très proches*

de toi, tu sentiras peut-être qu'il y a une tension entre nous. Tu dois toujours te sentir libre de demander si quelque chose ne va pas. Si oui, nous te répondrons honnêtement pour que tu n'aies pas l'impression que c'est toi qui l'imagines. Nous aurons alors besoin de temps entre nous pour résoudre le problème. Quel que soit le problème, c'est notre affaire, mais quand nous l'aurons résolu, nous te le dirons parce que cela fait partie des choses que tu dois savoir. »

III

L'ATTENTION EXCLUSIVE

Sous les feux de la rampe : une place enviable

« *J'avais parfois l'impression de grandir sous un microscope, avec mes parents qui observaient la moindre de mes attitudes et remarquaient le plus petit détail. Ce qui était positif, c'est que j'avais vraiment le sentiment de retenir leur attention. Je n'ai jamais eu l'impression d'être ignoré ou négligé. Le côté négatif, c'est qu'il n'y avait pas d'échappatoire. Si quelque chose allait un petit peu mal, ils le relevaient aussitôt. "Quelque chose ne va pas ?", demandaient-ils. Et, en général, c'était vrai... ils me connaissaient si bien.* »

La qualité de l'attention que les parents portent à leur aîné et/ou à leur enfant unique est incomparable. À la fois ravis et inquiets, les parents (y compris les couples remariés qui élèvent un enfant pour la première fois ensemble) ont tendance, avec ce premier enfant, à se passionner pour l'éducation, la création d'une famille et le miracle que cela représente. Dans le même temps, ils prennent leur nouvelle responsabilité très au sérieux. Prudents, attentifs, sensibles, hésitants, protecteurs, ils ont souvent tendance à demander un avis médical au premier signe de malaise du tout-petit. Pour leur premier enfant, les parents sont plus soucieux et moins confiants, plus inquiets et moins détendus que les parents expérimentés. Dans les familles nombreuses, les derniers nés sus-

citent souvent moins d'admiration et moins d'inquiétude à mesure que les parents progressent dans leur expérience éducative.
Cette tendance est confirmée par la quantité de souvenirs conservée par les parents. Pour le premier enfant et l'enfant unique, toutes sortes de documents, de photos et d'objets sont en général précieusement conservés, preuve de l'attention portée par les parents. En gardant ces trésors, les parents montrent à quel point ils chérissent l'enfant unique (et tous les aînés ont été uniques pendant un certain temps). Pour les enfants suivants, ils conservent moins de choses et n'ont pas ce souci d'exhaustivité.
« *Écoute-moi !* », « *Laisse-moi te montrer !* », « *Regarde ce que j'ai fait !* », « *Regarde ce que j'ai appris à faire !* » Quand le premier enfant ou l'enfant unique les interpellent ainsi, les parents réagissent avec un vrai plaisir. Leur réaction est généralement très positive et témoigne de leur attention et de leur soutien.

□ Un enfant « à l'essai »

C'est avec l'enfant unique que la mère et le père vont expérimenter leurs talents éducatifs et développer des principes éducatifs **pour la première fois**. Pour lui rendre la vie agréable, l'entraîner à obéir et à coopérer, ils suivent la méthode des essais et erreurs. Ils éprouvent la sensation d'effectuer des expériences et cette sensation est génératrice d'angoisse. Craignant de ne pas savoir que faire, les parents sont beaucoup plus disposés à lire des livres sur l'éducation pour leur premier enfant que pour les suivants. Ils ont tendance à être plus réceptifs à « l'avis d'un expert ».
Un enfant unique ressent parfois l'angoisse de ses parents et risque d'intégrer cette peur de faire des erreurs quand il a une décision à prendre. « *Je pense que la raison pour laquelle je suis prudent et que j'ai peur de mal faire, c'est parce que mes parents sont comme ça avec moi. Ils font très attention à mon éducation et j'ai la même attitude envers moi-même.* »

□ « Regardez-moi ! »

Les gens prêtent attention à ce qui leur importe. Dans le cas d'un enfant unique, les parents lui accordent beaucoup d'attention parce qu'il est souvent « tout pour eux ». Au sens littéral et symbolique, ce flot constant d'attention est une preuve pour l'enfant de son importance aux yeux de ses parents, ce qui n'est pas sans conséquences positives :

- Ses parents affirmant en permanence sa valeur, l'enfant unique recueille un sentiment continu de ce qu'il vaut.
- Grâce à l'attention étroite que ses parents lui portent, l'enfant unique s'observe lui-même avec attention.
- Le ravissement approbateur des parents encourage l'enfant unique à se mettre lui-même en avant pour être remarqué, au moins à la maison.

L'attention compte beaucoup. Demandez à des enfants de 9-10 ans s'ils préfèrent qu'on se moque d'eux et qu'on les insulte ou bien qu'on les ignore ou les exclue, la plupart choisiront la moquerie et l'insulte. Pourquoi ? Parce que « une attention malveillante est préférable à l'absence d'attention ». Attirer l'attention veut dire que votre présence compte, que les autres investissent de l'énergie dans la relation qu'ils établissent avec vous et que cela vaut la peine de reconnaître votre présence, que ce soit en bien ou en mal.

Un enfant unique, s'il se sent frustré de ne pas attirer l'attention immédiatement, est prêt à tout pour y parvenir, quitte à provoquer des réactions négatives. L'enfant, impatient de raconter quelque chose sur l'école et contrarié que le parent soit occupé au téléphone, est capable de prendre la ligne sur un autre poste et d'interrompre la conversation : « *Je veux te raconter ce qui s'est passé à l'école aujourd'hui !* » Si le parent se fâche contre ce comportement, il prête certes une attention négative à l'enfant mais c'est préférable pour celui-ci à l'absence d'attention. (Certains enfants uniques trop gâtés peuvent avoir du mal à apprendre la patience quand ils n'obtiennent pas une satisfaction immédiate.)

□ Valoriser les différentes qualités d'attention

Pour renforcer les atouts qu'offre l'attention exclusive, les parents doivent veiller à varier les différentes qualités de l'attention, chacune exprimant une raison différente de mettre en valeur l'enfant :
– **écouter et répondre** signifient que l'enfant vaut la peine d'être entendu (« *Pour répondre à ce que tu disais, voilà ce que je pense* ») ;
– **observer et remarquer** signifient que l'enfant vaut la peine d'être observé (« *J'adore te voir jouer* ») ;
– **assister et encourager** signifient que l'enfant vaut la peine d'être aidé (« *Je vais t'aider, recommence* ») ;
– **exprimer de l'intérêt et de la curiosité** signifient que l'enfant vaut la peine d'être connu (« *Continue à me raconter* ») ;
– **superviser et corriger** signifient que l'enfant vaut la peine qu'on prenne soin de lui (« *On ne va pas rester à côté de toi et te laisser te faire du mal* »).
Plus les qualités d'attention sont diversifiées, plus l'enfant a le sentiment qu'il est digne de cette attention.
En fin de compte, grâce à cette attention positive, l'enfant unique apprend à agir de même avec lui. Il apprend à apprécier sa propre compagnie et prend plaisir à passer du temps tout seul. Il s'ennuie rarement et trouve mille façons de s'occuper tout seul et d'en être satisfait. Les gens qui épousent un enfant unique remarquent souvent chez leur partenaire cette faculté à s'occuper de lui-même. L'enfant unique, en tant que conjoint, apprécie généralement de prendre un peu de distance dans son couple pour pouvoir profiter tout seul de son temps précieux.

Quand l'attention exclusive soulève angoisse et inquiétude

Un enfant unique représente un énorme investissement de la part des parents. Comme toute leur activité de parents tourne autour de l'enfant unique, l'attention qu'ils portent à leur façon de l'éduquer peut les rendre inquiets. Ils ont tant à perdre. Ils ont peur de se tromper, de lui faire du mal involontairement ou de l'exposer à des risques excessifs. Ils craignent que l'enfant ne soit victime de ses propres décisions impulsives ou imprudentes. Ils redoutent l'influence négative des autres enfants. Ils appréhendent les épreuves ou les drames qui pourraient atteindre leur enfant. Il y a tant de choses redoutables et si peu de contrôle possible qu'ils peuvent facilement succomber à la tyrannie de la peur : « *Nous ne savons pas comment nous pourrions survivre si quelque chose arrivait à notre enfant !* »
Porteurs d'une telle inquiétude, les parents peuvent transmettre cette peur à un enfant unique sensible et impressionnable et cette peur peut l'empêcher de relever certains défis naturels de la croissance. « *Je préférais rester à la maison plutôt que de sortir avec mes amis.* » Les parents d'enfants uniques peuvent être surprotecteurs et l'enfant, en réaction, apprendre à être trop prudent. L'enfant peut renoncer à prendre un risque salutaire à cause de ses inquiétudes excessives sur sa sécurité personnelle. **Alors qu'une attention positive de la part des parents a tendance à renforcer le sentiment de valeur personnelle, leur attention anxieuse peut éroder la confiance en soi et retarder le développement de l'indépendance**.

□ L'inquiétude constructive et l'inquiétude destructive

Pour modérer le côté anxieux que peut prendre l'attention, il faut apprendre à faire la distinction entre l'**inquiétude constructive** et **l'inquiétude destructive**. L'inquiétude constructive est une éducation dynamique. Si les parents admettent qu'il est normal que l'enfant agisse parfois sans réfléchir aux risques, ils peuvent lui faire prendre conscience des dangers en disant par exemple : « *Comme nous ne voulons pas t'envoyer aveuglément dans une situation que tu n'as jamais vécue, nous voulons que tu réfléchisses à une question importante : "Et si... ?" Nous voulons envisager avec toi certains problèmes qui peuvent surgir et trouver ensuite des solutions pour parer aux imprévus s'il s'en produit.* »

Grâce à l'inquiétude constructive, les parents enseignent à l'enfant qu'il faut prendre le temps de réfléchir. S'ils prévoient les risques potentiels avec leur enfant, les parents, rassurés, plus confiants et moins anxieux, le laissent plus facilement tenter de nouvelles expériences.

L'inquiétude destructive peut conduire à une **intervention parentale compulsive** qui s'exprime par des besoins de contrôler si excessifs qu'ils peuvent rendre fous parents et enfant. Les parents peuvent exprimer des inquiétudes en chaîne : « *Si tu redoubles cette classe, tu en redoubleras peut-être d'autres et tu arrêteras peut-être l'école et tu finiras peut-être à la rue !* » Ils sont capables de poser des questions stupides (des questions auxquelles il n'existe pas de réponses) : « *Comment peux-tu être sûr que tu ne vas pas être renversé par un chauffard ivre et te faire tuer ?* » Ou d'exercer un contrôle qui frise l'obsession : « *Tu ne sors pas si tu ne nous appelles pas toutes les demi-heures.* » Ce comportement compulsif dans l'éducation entraîne des stratégies sécuritaires qui ne peuvent qu'aggraver leurs craintes.

□ Comment gérer l'angoisse ?

Si les parents s'aperçoivent qu'ils ont tendance à éprouver une inquiétude destructive, ils peuvent atténuer leur comportement compulsif en essayant de :

– ramener leurs soucis dans un futur proche et éviter de les enchaîner dans un futur plus lointain ;
– interrompre le flot de questions stupides et ne garder que celles pour lesquelles il existe des réponses sensées ;
– laisser faire ce qu'il est impossible de contrôler.

TROIS CHOSES À EXIGER DE L'ENFANT

• Qu'il **réfléchisse** et apprenne à anticiper les complexités et les conséquences de ce qu'il veut faire (« *Avant de construire une voiture de course, je veux que tu me dises quelles compétences tu dois avoir en matière de conduite* »).
• Qu'il les **informe** et les prévienne s'il change ses projets quand il est à l'extérieur (« *Si tu es chez un ami et que tu décides d'aller ailleurs, demande-nous d'abord* »).
• Qu'il les **appelle** s'il a des ennuis ou s'il craint d'avoir des problèmes (« *Si tes amis prévoient un mauvais coup auquel tu ne veux pas participer, trouve une excuse, appelle-nous et nous viendrons te chercher sans poser de questions* »).

IV

L'ATTITUDE « UNIQUE » : LA CONSCIENCE DE SOI

Se sentir exister pleinement

En raison de l'attention parentale très positive, les enfants uniques ont tendance à fortement investir leur individualité. S'épanouissant sous le regard exclusif de l'amour parental, ils sont enclins à développer un fort sentiment d'amour et d'estime de soi. L'attitude « unique » procède de la conscience de posséder une personnalité unique et du désir de la cultiver, ce qui est un atout pour l'enfant.

• L'attitude « unique » encourage l'enfant à **se concentrer sur la satisfaction de soi-même**. L'enfant unique a souvent tendance à être centré sur lui-même, à s'investir dans ce qui l'intéresse personnellement et à décider lui-même de ses engagements. « *J'adore lire en rentrant de l'école, donc mes parents me laissent tranquille à ce moment-là.* »

• Elle encourage l'enfant à **s'intéresser à son propre avenir**. L'enfant unique commence souvent dès son plus jeune âge à réfléchir à ce qu'il fera plus tard. Se prendre au sérieux, c'est déjà penser sérieusement à l'avenir en définissant les buts personnels qu'il veut poursuivre. « *J'ai déjà pensé à ce que j'étudierai à l'université, bien que ce ne soit que dans six ans.* »

• Elle encourage l'enfant à **s'exprimer**. L'enfant unique se tourne souvent vers des activités créatrices pour montrer sa personnalité. Il veut s'exprimer car il a le sentiment d'avoir quelque chose de personnel qui vaut la peine d'être dit. « *Quand je danse, c'est moi que je mets en scène.* »

• Elle encourage **l'autonomie**. L'enfant unique qui se sent en sécurité dans sa relation avec ses parents, qui a des amis mais n'en a pas un besoin crucial et qui est heureux de passer du temps tout seul, ne se soucie généralement pas du regard de la société. Il ne craint pas d'être désapprouvé par la société. Il mène sa vie suivant ce qui lui importe personnellement, sans se demander d'abord si ça plaît aux autres. « *Ce n'est pas que je ne m'intéresse pas à ce que les autres pensent de moi ; mais ce qu'ils pensent est moins important que ce que je pense de moi.* »

□ Le soutien des parents

Par une attention très positive les parents peuvent aider l'enfant à tirer le meilleur parti de cette attitude et de cet intérêt qu'il manifeste pour lui-même.

• Pour soutenir **la satisfaction de soi** : si l'enfant le souhaite, accordez-lui suffisamment de temps et d'espace à la maison pour qu'il puisse se consacrer aux activités qui l'intéressent.

• Pour encourager **les projets d'avenir** : si l'enfant est d'accord, aidez-le à obtenir des informations sur les loisirs ou les carrières professionnelles, sur une formation particulière ou la préparation à une école. Vous pouvez même favoriser des rencontres avec des gens qui exercent les métiers qui l'attirent.

• Pour développer **l'expression personnelle** : si l'enfant en a envie, informez-vous sur les cours qui existent et intéressez-vous au moyen d'expression artistique qu'il a choisi.

• Pour stimuler **son désir d'indépendance** : si l'enfant a besoin d'assurance, donnez-lui la permission de suivre sa voie personnelle même si elle s'écarte de celle de ses pairs.

L'attitude « unique » entraîne souvent l'enfant unique à garder une grande capacité à se recentrer sur lui-même, à se connaître, à apprécier sa propre compagnie et à s'épanouir, ce qui pourra contribuer à une vie riche et gratifiante dans le monde adulte.

L'enfant égocentrique : quand les autres ne comptent plus (l'enfant « gâté »)

Les effets négatifs de cet intérêt pour lui-même peuvent se produire quand l'enfant unique commence à trop présumer de sa propre importance au sein de la famille et que les parents (ne voulant pas décevoir ou contrarier leur cher petit) le laissent aller à cette tendance malsaine. S'il le fait au détriment des autres membres de la famille, il peut acquérir une attitude « unique » excessivement égocentrique ; on dira de lui qu'il est « imbu de lui-même », ce qui s'exprime par des affirmations telles que :

– « *Ma façon de faire est la seule* » ;
– « *Mes besoins passent en premier* » ;
– « *Mon vote compte plus* » ;
– « *J'ai toujours raison* » ;
– « *Nous jouons selon mes règles* » ;
– « *Il faut toujours considérer mes sentiments en premier* » ;
– « *Il faut respecter mes délais* » ;
– « *Il faut satisfaire mes désirs* » ;
– « *Mon bien-être avant les autres* » ;
– « *Mon bonheur passe avant tout* » ;
– « *Moi avant nous* ».

Si les parents acquiescent alors qu'ils ne sont pas vraiment d'accord, qu'ils sacrifient leur intérêt personnel, en cédant, en reculant, en différant, en ne prenant pas la parole, en ne prenant pas position, en évitant le conflit, ils encouragent l'attitude « unique », la « tyrannie du moi » dans la famille. Bien pire, ils peuvent finalement envoyer dans le monde un jeune adulte qui croit que c'est ainsi que doivent fonctionner les relations professionnelles ou amoureuses.

On comprend alors ce que le terme d'enfant gâté recouvre : **le comportement égocentrique qu'il a acquis dans l'enfance « gâche » le développement de relations adultes harmonieuses dans sa vie future**. L'enfant unique découvre alors que le modèle des relations à sens unique ne marche pas très bien dans le monde réel et il doit apprendre à pratiquer les relations à double sens, ce qui ne s'acquiert que par l'expérience.

□ L'enseignement de la réciprocité et de l'échange

Si les parents se représentent la vie familiale comme une reproduction, à petite échelle et dans un espace protégé, de la réalité sociale qu'affrontera un jour l'enfant, ils peuvent transmettre les compétences relationnelles dont l'enfant aura un jour besoin pour accéder à l'autonomie. **Les parents peuvent modérer les risques de l'attitude « unique » en enseignant à l'enfant unique les principes de la réciprocité et de l'échange**.

La réciprocité, cela signifie qu'on apprend à gérer les relations de façon à satisfaire les besoins des deux parties, et non ceux d'une seule. À des degrés variés et selon la façon dont ses besoins ont été satisfaits dans son enfance, l'enfant unique peut manquer d'expérience dans les compétences relationnelles qui fondent la réciprocité.

• **L'échange** est nécessaire pour qu'une relation soit satisfaisante : chacun doit donner et recevoir pour satisfaire tous les membres de la famille et atteindre un certain équilibre. Les parents doivent donc transmettre à leur enfant le fait que les relations familiales doivent se faire dans les deux sens et non à sens unique. Ils ont envie de donner à leur enfant mais aussi de recevoir.

• **La sensibilité** s'exerce grâce à l'intimité familiale qui permet à chacun de mieux connaître les autres, y compris leurs points vulnérables. C'est ainsi qu'ils s'accordent à éviter de se faire volontairement du mal les uns aux autres. En cas de dispute, les parents ne se permettraient pas de frapper leur enfant et ils attendent de lui qu'il exerce la même retenue envers eux.

• **Le compromis** exige que, parfois, quand il y a des divergences, chacun cède un peu de son intérêt personnel pour trouver un accord qui satisfasse partiellement les autres. Cet accord se fait dans l'intérêt collectif, qui est de sauvegarder la qualité de la relation. Faire des compromis signifie qu'on va se satisfaire d'un peu moins que ce qu'on aurait souhaité dans l'idéal. Cela signifie que l'on va donner un peu pour gagner un peu. Si les parents évitent de dire : « *C'est ça ou rien* », ils attendent également de l'enfant un peu de souplesse pour résoudre avec eux les différends. Ils doivent trouver ensemble un terrain d'entente.

Apprendre la réciprocité et l'échange peut atténuer certaines tendances égocentriques susceptibles de se développer chez l'enfant unique quand, se posant illégitimement en parent exigeant, il devient trop imbu de lui-même.

V

L'IMAGE DE SOI

Les yeux des parents : un bien joli miroir

Pour l'enfant unique, le fait d'être traité dans sa famille comme une personne tout à fait spéciale a un côté très positif : il croit que les propos élogieux de ses parents à son endroit sont vrais. Il a donc tendance à construire une image très positive de lui-même, fondée sur le retour d'amour qu'il reçoit constamment.

L'attention positive nourrit l'estime de soi et la valorisation forme l'image de soi. À cet égard, l'attention parentale agit comme un miroir dans lequel l'enfant unique voit son reflet. « *Miroir, miroir, qui est la plus jolie ?* », demande la reine dans Blanche-Neige. Quand un enfant unique pose cette question à l'image qui se reflète dans les yeux de ses parents, la réponse est souvent un tonitruant : « *Toi !* »

Il est important que les parents soient conscients du pouvoir que donne cette estime qu'ils expriment au quotidien : « *Bravo, tu as réussi !* », « *Tu es génial !* », « *Tu réussis tout ce que tu fais !* » Ce dont l'enfant ne se rend pas compte, c'est que ses parents répondent ainsi peut-être par orgueil ou parce qu'ils prennent leurs désirs pour la réalité. Le regard des parents risque de déformer l'image de l'enfant quand ils croient sincèrement, ou veulent croire, que les compétences de leur seul et unique enfant sont miraculeuses et exceptionnelles. N'ayant pas d'autre enfant avec lequel comparer, les parents ont parfois du mal à réfréner leur enthousiasme et à garder un point de vue réaliste. « *Les parents d'enfant unique*, explique un parent, *pensent tous que leur enfant est exceptionnel.* » Cette affirmation est probablement juste. Il est vrai aussi que les enfants uniques, au seuil de leur vie adulte, ne se considèrent que rarement comme « moyens ».

Sur le plan psychologique, il est très important pour tout enfant, et non seulement l'enfant unique, de se voir dans une lumière positive. **L'image de soi dicte des sentiments et motive des actions qui ont à leur tour tendance à confirmer l'image que l'on a de soi**. En termes plus simples, les parents qui ne sont jamais satisfaits, quel que soit le mal que s'est donné l'enfant pour leur plaire, peuvent involontairement faire penser à l'enfant qu'il n'est pas à la hauteur. Désespéré, l'enfant risque petit à petit de renoncer à essayer, renforçant ainsi l'image d'échec à laquelle il s'est douloureusement associé.

Inversement, les parents qui récompensent l'effort aussi bien que l'essai (parce qu'ils pensent qu'il n'y a pas de réussite sans effort) renvoient à l'enfant une image de ténacité. Se sentant déterminé, l'enfant continue à essayer malgré l'adversité et renforce ainsi cette image de persévérance dont il est fier. **L'image de soi renvoyée à l'enfant par l'attention parentale contribue en partie à ce que l'enfant comble les espoirs de ses parents**.

Grâce à leurs réactions positives quotidiennes, les parents encouragent leur enfant unique à porter un regard positif sur lui-même. C'est pourquoi les enfants uniques ont souvent tendance à :

– se considérer comme capables et avoir confiance en eux dans la poursuite de leurs ambitions ;

– se sentir suffisamment intelligents et à l'aise pour défendre et affirmer leur opinion ;

– être conscients de leur valeur et insister sur le fait d'être respectés.

Une image objective : le *feed-back* évaluatif ou descriptif

Pour renforcer efficacement l'image de soi positive de leur enfant unique, les parents doivent veiller à ce qu'ils lui renvoient (c'est ce qu'on appelle le *feed-back*). Ils doivent renvoyer un ***feed-back* descriptif** et non un ***feed-back* évaluatif**.
Avec un ***feed-back* évaluatif**, les parents jugent si leur enfant agit bien ou réussit bien en exprimant leur degré d'approbation. En procédant ainsi, ils l'informent plus de leurs sentiments personnels (« *Nous sommes si fiers de toi* ») que de ce qu'ils perçoivent du caractère ou de la conduite de leur enfant. Le *feed-back* évaluatif n'apporte pas grand-chose à l'enfant qui comprend que ses parents sont contents mais n'en apprend guère plus.
À l'inverse, avec un ***feed-back* descriptif**, les parents spécifient ce qui, chez l'enfant, a capté leur attention positive. « *J'aime bien observer la manière dont tu fais rire tes amis avec ton sens de l'humour.* » Une réflexion comme celle-ci témoigne à l'enfant qu'ils ont perçu ses qualités humoristiques.

Image idéale ou réalité ?

En renvoyant une **image idéalisée (un *feed-back* idéaliste)**, les parents, guidés par leur enthousiasme et leur amour pour l'enfant, le poussent à des réactions extrêmes. « *Personne n'aurait pu mieux faire !* », « *Continue comme ça et tu seras célèbre un jour !* » Ils risquent ainsi de lui renvoyer l'image d'un être exceptionnel, ce qui encourage l'enfant à développer des ambitions irréalistes.
À l'inverse, avec **une image** (ou ***feed-back***) **réaliste**, les parents ancrent la perception de soi de l'enfant dans le monde réel en

l'aidant à se situer relativement à ses pairs. « *Comme la plupart de tes camarades, tu t'es donné à fond pendant tout le match, c'est bien !* ». « *Les résultats montrent que tu as fait mieux que 80 % des autres étudiants et qu'il y en a 20 % qui ont fait mieux que toi. Bravo !* » Il est utile que les parents renvoient un *feed-back* positif pour formuler leur réponse de façon que l'enfant, en comparaison avec les autres, ait un sentiment réaliste de ses mérites.

Un miroir déformant ? Les risques de la désillusion

« *L'entrée en maternelle a probablement été le plus grand choc de ma vie. À la maison, il n'y avait eu ni compétition ni comparaison. Je venais en premier et personne n'était meilleur que moi. Et soudainement, je n'étais plus qu'un enfant parmi une vingtaine d'autres, je n'étais plus le plus important. Bien pire, contrairement à ce que je pensais, je n'étais absolument pas exceptionnel. Je suis tombé de haut !* »

C'est souvent l'école qui marque le premier changement social important vécu par l'enfant en dehors de la famille. C'est la première fois qu'il se retrouve traité comme un enfant parmi d'autres, la première occasion de se situer socialement au sein d'une communauté de pairs. Suivant le degré de valorisation reçu à la maison et l'image de soi irréaliste qui peut en découler, il peut arriver à l'école avec une image très flatteuse de lui. Cette image ne correspond pas toujours à celle qui est renvoyée par les autres enfants ou par l'enseignant, ni à ce que l'enfant ressent. Pour s'adapter à l'école, il est parfois indispensable que l'enfant unique effectue un travail de réévaluation.

Il peut éprouver :

– un sentiment de supercherie : « *Après tout, je ne suis pas si extraordinaire !* »

– un sentiment de trahison : « *Je ne suis pas aussi intelligent que mes parents me le disaient !* »

– un sentiment de déception : « *Je ne suis pas à la hauteur de ce qu'on attend de moi !* »
– un sentiment de découragement : « *À quoi bon essayer si, en faisant de mon mieux, je suis largement au-dessous de la moyenne ?* »

□ Préparer l'enfant pour amortir la chute

Il est parfois nécessaire d'aider les enfants uniques qui entrent à l'école avec une image trop flatteuse d'eux-mêmes, à se redéfinir et à accepter une nouvelle image plus proche de leur vraie personnalité et de leurs capacités réelles. Pour faciliter l'adaptation sociale, la première chose à faire pour les parents est de ne pas reproduire dans le domaine de l'école ce traitement particulier que l'enfant a le sentiment de recevoir à la maison.

• Ne pas essayer d'assouplir les règles et d'obtenir des exceptions pour que l'enfant bénéficie d'un régime spécial qui n'est pas accordé aux autres élèves.
• Ne pas chercher à justifier le règlement et ne pas critiquer l'école au cas où l'enfant refuse de suivre les règles, de nouer des relations avec les autres élèves ou de rendre ses devoirs à l'heure.

Certains enfants uniques, habitués à être le centre exclusif de l'attention à la maison, n'ont pas appris les trois règles indispensables pour s'adapter à l'école : **la conformité, l'obéissance et la coopération**.

Si l'enfant ne les connaît pas, les parents peuvent l'instruire de ces réalités en lui expliquant que l'école ne fonctionne pas exactement selon les mêmes règles que celles de la maison.

Ils peuvent aussi lui expliquer que ce n'est pas parce que ses parents pensent qu'il est formidable que le monde extérieur va être aussi impressionné. Ils peuvent assurer l'enfant qu'il continuera à recevoir l'amour et l'approbation de ses parents à la maison, même si l'école ne réagit pas comme il l'espère.

Ils peuvent lui expliquer ainsi : « *Quand tu iras à l'école, tu ne seras qu'un enfant parmi un groupe d'enfants, qui sont tous d'égale importance pour l'instituteur. Quand tu feras ton travail, tu t'apercevras que tu réussis mieux que certains et moins bien que d'autres. Il faut t'y préparer. Tu n'es pas obligé d'être le meilleur. Si tu travailles dur, que tu fais tout ton possible et que tu restes toujours moyen, ce n'est pas grave. Souviens-toi que la plupart des gens sont généralement dans la moyenne.* »

Le but d'un message comme celui-ci est de préparer l'enfant à entrer à l'école avec une image de soi la plus proche possible de l'expérience et du traitement réels que l'enfant est susceptible de recevoir dans le monde socialement plus complexe de l'école.

VI

L'ATTACHEMENT

Des nœuds solides... parfois difficiles à dénouer

Dans les relations humaines, plus l'attachement est fort (un couple amoureux, par exemple), plus la séparation est difficile (ils supportent rarement d'être séparés). À l'inverse, plus le sentiment de séparation est grand (un écart de 15 ans entre l'aîné et le plus jeune enfant, par exemple), plus c'est difficile d'avoir un attachement significatif (ils ont peu de choses en commun autour desquelles se rencontrer).

Quelque part entre ces deux extrêmes, les parents et l'enfant unique ont tendance à avoir plus d'expérience et à mieux savoir gérer l'attachement que la séparation. « S'accrocher » l'un à l'autre semble plus familier et plus facile que de lâcher la bride. C'est pourquoi les grands défis de l'éducation d'un enfant unique se posent souvent lors des trois grandes étapes de séparation.

- Quand l'enfant quitte le sanctuaire de la maison pour la première fois et entre dans l'institution plus vaste et plus exposée de l'école, il entame la séparation pour aller vers un monde plus large (vers 3 ans).
- Quand l'enfant entre dans l'adolescence et commence à se rebeller pour sortir de l'enfance, il commence la séparation sociale d'avec ses parents et sa famille (vers 9-13 ans).
- Quand, en fin d'adolescence, il quitte la maison et fait ses pre-

mières tentatives d'autonomie, il commence la séparation d'avec la maison (entre 18 et 23 ans).
L'attachement a été tellement fort que ces séparations peuvent être difficiles à la fois pour les parents et pour l'enfant unique. Le petit enfant peut être réticent à quitter la sécurité du cercle familial pour affronter les défis de l'école. Le préadolescent peut être réticent à bousculer ses parents et à s'en éloigner pour commencer à affirmer son indépendance. Le grand adolescent ou le jeune adulte peut être réticent à quitter la sécurité du foyer pour l'insécurité de la vie en solitaire. Malgré ces difficultés, il est nécessaire d'enseigner, d'une part la dépendance et l'attachement, d'autre part l'indépendance et la séparation, car l'enfant aura besoin dans sa vie de ces deux compétences.

L'attachement, garant de la sécurité de l'enfant

Grâce à l'attention positive qui leur est accordée, les enfants uniques s'attachent à leurs parents qui sont les premiers dans leur vie à leur donner de l'amour et à prendre soin d'eux. Centres exclusifs de l'intérêt de leurs parents, les enfants uniques ont tendance à être très attachés à ces parents qui sont eux-mêmes très absorbés par eux. Grâce à ce lien puissant, ils sont dotés d'un profond sentiment de sécurité et de confiance. C'est le patrimoine des enfants uniques et c'est inestimable. **Ce fort attachement à ses parents pose les fondations du développement de l'indépendance au cours de la croissance.**
Avec pour base la certitude de pouvoir faire confiance à leurs parents, les enfants uniques se sentent libres d'investir leur énergie dans le développement de leur indépendance. **Un attachement solide à ses parents permet à l'enfant de s'investir à fond dans son épanouissement personnel**. L'attachement que l'enfant se porte à lui-même s'exprime par les caractéristiques suivantes :

• **La certitude** : il se connaît suffisamment bien pour être sûr de ses goûts personnels, de ses opinions et de ses convictions.
• **L'obstination** : il est capable d'être ferme sur ses intentions et de résister à ce qu'il rejette.
• **Le franc-parler** : il exprime facilement ses opinions même si elles diffèrent de celles de ses parents ou d'autres adultes faisant autorité.
• **L'autosuffisance** : il est capable d'apprécier sa propre compagnie.

Les enfants uniques dont l'attachement aux parents est solide possèdent souvent une assurance qui reflète leur sentiment de sécurité, tant intérieurement qu'avec leurs parents.

Le revers de la médaille

Comme la plupart des traits de caractère sont à double tranchant et peuvent être à la fois positifs et négatifs, les atouts ont aussi leur revers. Les parents trouvent souvent qu'un enfant unique fortement investi en lui-même et sûr de lui est difficile à manœuvrer. « *Nous ne savions pas qu'en l'encourageant à exprimer son avis, nous l'entraînions à discuter avec nous plus tard et qu'en l'encourageant à faire ce qu'elle aimait, elle aurait autant de mal à supporter de faire ce qu'elle n'aime pas.* »

Le dilemme qui se pose souvent aux parents est de maîtriser les forces de leur enfant unique sans blesser son esprit de persévérance. Mais ce compromis est possible.

• Quand l'enfant affirme son absolue conviction sur ce qui est vrai et faux (**la certitude**), n'essayez pas de le dissuader si vous savez qu'il a tort. C'est souvent plus efficace d'accepter ce qu'il dit, d'exprimer votre désaccord sans le corriger et de donner votre point de vue. « *Nous respectons ton opinion mais nous voyons la situation différemment et voilà pourquoi.* » Faites en sorte que votre conviction soit une riposte claire à la sienne.

• Quand l'enfant s'obstine à faire ou à refuser quelque chose (**l'obstination**), ne le menacez pas, ne le punissez pas aussitôt, ne vous engagez pas dans une lutte de pouvoir en profitant de votre supériorité pour gagner à tout prix. Au lieu de cela, attendez patiemment, tout en insistant calmement pour relâcher son opposition. « *Nous savons que tu ne veux pas, mais nous resterons derrière toi jusqu'à ce que tu fasses ce que tu as à faire.* » C'est en insistant que vous épuiserez la résistance de l'enfant.

• Quand l'enfant proteste contre une position parentale qui ne lui plaît pas (**le franc-parler**), ne le faites pas taire brutalement comme si le simple fait de répondre était irrespectueux. Écoutez plutôt l'enfant jusqu'au bout pour lui permettre d'évacuer sa frustration. « *Nous allons écouter tes explications mais tu dois savoir que nous ne changerons probablement pas d'avis.* » Faites un compromis : l'enfant a le droit de s'exprimer et les parents peuvent ensuite agir comme bon leur semble.

• Quand l'enfant a envie d'être seul (**l'autosuffisance**), ne considérez pas cela comme un acte antisocial ou inamical. Appréciez la capacité de l'enfant à aimer sa propre compagnie et à jouer suivant ses règles. « *Nous sommes heureux que tu apprécies de passer du temps tout seul.* » Le fondement de la satisfaction est l'amour de soi.

Quand l'attachement se confond avec la dépendance

Quand l'attachement entre les parents et l'enfant unique devient une fin en soi et que chacun résiste à la séparation par peur de la perte, la dépendance développée dans l'enfance peut créer des difficultés qui auront tendance à s'aggraver à la fin de l'adolescence.

• Le grand adolescent peut encore faire dépendre son **identité** de la ressemblance à ses parents (« *Pour être moi-même, je dois être comme eux* »).

• Il a encore besoin de **l'approbation** de ses parents pour s'accepter (« *Si je ne leur fais pas plaisir, je ne me sens pas bien* »).
• Son bien-être peut encore dépendre du **soutien** parental (« *Mes parents doivent être là pour prendre soin de moi* »).
• Socialement, l'adolescent peut avoir encore principalement besoin de la **compagnie** de ses parents (« *Mes parents sont les seuls amis dont j'aie besoin* »).
L'enfant unique doit se sentir en sécurité à la fois dans l'attachement à ses parents et dans la séparation d'avec eux. S'ils sont attachés de façon trop dépendante, il peut leur manquer ce sentiment de sécurité dans la séparation.

Accepter et encourager la séparation

Pour réduire les risques de l'attachement que nous venons de citer, les parents peuvent reconsidérer leur attitude et modifier leur comportement.
• Laisser se développer l'individualité de l'enfant, quelles que soient les différences (« *Nous n'avons jamais été sportifs, mais nous sommes contents que tu le sois. Grâce à nos différences, nous avons plus de choses à partager et à apprécier.* »).
• Laisser l'enfant faire comme il l'entend même si cela doit leur déplaire (« *Nous ne sommes pas obligés de toujours aimer les choix que tu fais, pas plus que tu n'es toujours obligé d'aimer les nôtres. Nous pouvons parfois ne pas apprécier les actes des uns ou des autres et nous aimer quand même.* »).
• Laisser à l'enfant la responsabilité de se prendre en charge, même si cela implique qu'il n'a pas besoin de ses parents (« *Plus tu apprends à faire des choses tout seul, moins tu auras besoin de notre aide. Mais ce n'est pas parce que nous ne nous occupons plus de toi que c'est fini pour toujours.* »).
• Laisser l'enfant privilégier ses amis aux dépens de ses parents (« *Nous aimons toujours passer du temps avec toi mais nous savons*

qu'on ne partage pas les mêmes choses avec ses amis et avec ses parents. C'est seulement avec eux que tu peux partager ce que c'est d'être un jeune homme [ou une jeune fille] d'aujourd'hui. »).

Il faut de l'exercice et de la pratique pour que les parents et l'enfant unique s'habituent à se séparer et à être indépendants les uns des autres. Si, dans l'enfance, l'enfant unique acquiert la certitude que le lien affectif est sûr même quand ils sont séparés, il saura que la séparation ne peut pas rompre ce lien.

Laisser partir l'enfant unique quand il passe de l'adolescence à l'âge adulte est souvent un passage très difficile. Ayant été le centre d'intérêt dans la vie de ses parents, ceux-ci peuvent avoir l'impression de le perdre pour toujours et d'être abandonnés. « Le nid vide » peut provisoirement être ressenti comme un lieu d'abandon. Mais les parents qui sont incapables de laisser partir le jeune adulte risquent de l'handicaper sérieusement car il peut, en réaction, s'accrocher à eux. Il risque donc d'avoir du mal à s'attacher à d'autres personnes, à se prendre en charge et à accepter la responsabilité individuelle.

Quand le lien mère/enfant unique a du mal à se dénouer : « Ne me quitte pas »

L'incapacité totale à laisser partir son enfant est un des pièges de l'attachement qui menacent certaines mères d'enfants uniques. Les mères vivent souvent un « ravissement » affectif et physique avec leur premier enfant, ce tout-petit désarmé qui peut les absorber totalement. Il est courant, et utile à certains égards, que cet attachement reste primaire pendant quelque temps, comme le remarquent souvent les pères : « *Ma femme est maintenant plus préoccupée par le bébé que par moi.* »

Cette période d'attachement intense au bébé s'étend souvent pendant ces années merveilleuses de la petite enfance où le lien mère/enfant peut devenir très intime et très satisfaisant pour l'un et l'autre. Puis, à mesure que l'enfant sevré devient plus indépendant, que l'engouement maternel se dissipe, l'intimité première du couple se réaffirme et l'attachement à l'enfant prend une place séparée.

Quand la famille s'agrandit, l'arrivée du second enfant aide souvent à briser le lien magique avec l'enfant aîné, qui peut éprouver un grand sentiment de perte lorsque l'attention maternelle se détourne nécessairement de lui pour s'occuper du nouveau-né. En l'absence d'un deuxième enfant cependant, certaines relations mère/enfant unique peuvent garder à l'attachement son caractère primaire alors que l'enfant grandit. Aucune relation ne peut plus rivaliser en qualité avec la relation mère/enfant unique : ni celle des conjoints, ni les relations ultérieures de l'enfant. Et c'est un handicap à la fois pour le couple des parents et pour le jeune adulte qui aura bien du mal à s'engager dans une relation amoureuse.

Il est possible qu'une mère aime trop et qu'elle ne veuille pas s'acquitter de sa dernière responsabilité, la plus douloureuse : accepter que toute éducation se termine par une perte, parce que le plus grand acte d'amour est de laisser partir celui ou celle qu'on aime.

VII

L'INTIMITÉ

Est-il besoin de dire à quel point les parents et leur enfant unique sont proches ? Comment pourrait-il en être autrement ? Tant d'affection et tant d'intérêt l'un pour l'autre renforcent un lien qui n'est ni perturbé ni détourné par des frères et sœurs. Le sentiment d'intimité s'enracine dans le fait de passer beaucoup de temps ensemble, de s'occuper beaucoup les uns des autres et de parvenir à une connaissance en profondeur.

Soucieux du bien-être de leur enfant unique, les parents se préoccupent de sa sécurité et de son confort. Quand l'enfant dit : « *Je peux toujours compter sur mes parents, ils seront toujours là pour moi* », il témoigne du sentiment de puissance que procure l'attachement.

Mais si les parents ne se méfient pas des risques d'un attachement excessif, ils peuvent mettre le bien-être de l'enfant en danger. Quand un enfant déclare : « *C'est comme si on avait vécu dans le même espace émotionnel. Nous ressentons chacun les sentiments les uns des autres comme si c'étaient les nôtres* », il témoigne du caractère débilitant de l'attachement. Pour conserver l'attachement affectif dans des limites constructives, il faut cultiver à la fois le sentiment de la communauté et celui de l'individualité. Ainsi, « les piliers du temple se tiennent séparés ». **L'enfant unique a besoin de sentir qu'il fait partie de la famille, mais pas du couple**.

Bien se comprendre pour mieux s'aimer

Le grand atout de l'attachement parents/enfant unique est la qualité de l'intimité qui peut grandir entre eux. Grâce à la sensibilité de l'observation et à la franchise des conversations, ils parviennent à une meilleure compréhension les uns des autres. Pour peu que cette intimité soit appréhendée de façon constructive, le jeune adulte, au terme de l'adolescence, est capable de vivre la séparation de façon satisfaisante :

- Bien qu'il soit toujours sensible à leur bien-être, il est **affectivement détaché** de ses parents.
- Bien qu'il partage encore beaucoup de choses avec eux, il est **psychologiquement différencié** de ses parents.
- Bien qu'il aime toujours ses parents, il est capable d'être **intimement engagé** dans une relation avec quelqu'un d'autre.
- Bien que ses parents continuent à lui apporter leur soutien, il est **socialement indépendant** de ses parents.

L'art de communiquer par le partage, la sensibilité et l'écoute, qui lui a souvent été enseigné par ses parents, peut doter l'enfant unique d'une intimité satisfaisante dans sa vie sociale et amoureuse d'adulte, **à condition que les risques liés à l'intimité aient été gérés avec sûreté dans la famille**.

Quand s'exposer rend vulnérable

Il faut certainement beaucoup de confiance et de courage pour exposer ses pensées et ses sentiments intérieurs, ses défaillances et ses échecs et exprimer ouvertement ses opinions et ses désaccords dans toute relation humaine. Mais l'enfant unique, préoccupé par l'opinion que ses parents ont de lui, peut éprouver de l'inquiétude à s'exposer ainsi. Ce sont ceux que nous aimons le plus qui peuvent nous valoriser ou nous blesser le plus, car nous sommes plus sensibles à leur approbation ou à leur désaccord, à leur acceptation ou à leur rejet.

Pour entretenir l'intimité, les parents doivent montrer à l'enfant qu'ils s'engagent à la maintenir dans des limites sûres. C'est-à-dire qu'ils doivent éviter d'user de la connaissance intime qu'ils ont de leur enfant (acquise grâce aux révélations qu'il a faites en toute confiance) à des fins personnelles et veiller à résoudre les conflits en évitant les critiques blessantes.

• S'ils savent que l'enfant a facilement peur de se perdre dans un lieu public, ils ne menacent pas de l'abandonner pour le faire obéir alors que, tout absorbé par un jouet, il rechigne à quitter le magasin : « *D'accord, continue à jouer, mais on s'en va sans toi !* » L'enfant peut alors regretter d'avoir confié à ses parents son sentiment d'insécurité. Il vaut mieux faire appel à la maturité de l'enfant en se servant de sa capacité de raisonnement : « *Nous devons partir maintenant si nous voulons être à l'heure pour déjeuner avec tes grands-parents.* »

• Si l'enfant s'oppose à eux dans une discussion, ils ne lui répondent pas de manière sarcastique pour imposer leur opinion. « *Quelle idée ! Tu es vraiment idiot !* » À partir de là, l'enfant risque d'hésiter à exposer ses différences de peur d'être blessé lors d'un conflit. Mieux vaut écouter l'enfant et valoriser le fait qu'il s'exprime : « *Nous sommes contents de connaître ton opinion, bien que nous n'ayons pas l'intention de changer d'avis.* »

L'intimité peut rendre plus vulnérable à cause de cette connaissance intime. Si les parents veulent entretenir l'intimité chez leur enfant, ils doivent traiter avec délicatesse ce qu'il leur confie et l'encourager à exprimer sa différence en cas de désaccord.

L'apprentissage du partage

Pour augmenter le sentiment de sécurité, les parents peuvent faire plus : ils peuvent montrer comment ils souhaitent partager et échanger. En confiant à l'enfant des éléments de leur vie intérieure : « *Ça m'arrive d'avoir peur ; voilà quand...* » ; en lui faisant part de leurs sentiments : « *Je me suis déçu(e) moi-même aujourd'hui ; voilà comment...* » ; en lui décrivant les bons et les mauvais moments de leur vie professionnelle : « *J'ai eu une journée difficile aujourd'hui ; voilà ce qui est arrivé...* » ; en se livrant à l'enfant comme ils souhaiteraient qu'il le fasse : « *Je vais te dire quelque chose sur moi que je n'ai pas dit à beaucoup de gens.* » **Le modèle qu'ils donnent de l'intimité est, en fin de compte, ce qu'ils enseignent.**

Dans les relations humaines, l'intimité nécessite une double approche. La première, c'est de partager ce qu'on a **en commun**, la seconde, de partager ce qu'on a de **différent**. Dans certaines familles d'enfant unique, les parents choisissent la deuxième approche qui peut se révéler très difficile pour l'enfant car elle implique un certain degré de conflit. Pour la faciliter, les parents peuvent dire : « *Quand nous ne sommes pas d'accord, c'est pour nous une occasion de mieux comprendre les différences entre nous.* »

Le piège affectif : la confusion des sentiments

À partir de quel degré l'intimité peut-elle devenir gênante ? Pour l'enfant unique, c'est quand la vie affective des parents, séparément ou ensemble, en vient à dominer sa propre vie affective. C'est quand l'enfant, pour se sentir mieux, doit trouver un moyen de projeter sa souffrance sur ses parents ou sur leur relation. C'est quand il prend la responsabilité du bien-être conjugal et rejette la faute sur lui en cas de tension. C'est quand l'état émotionnel de l'enfant dépend de l'état émotionnel des parents : « *S'ils se sentent heureux ou malheureux, moi aussi.* » C'est à ce moment que l'enfant peut se sentir piégé par l'intimité, englué dans celle de ses parents. Il perd son indépendance affective.

• « *Quand mon père était découragé et s'accablait de reproches, c'est moi qui devais le réconforter et le féliciter. Mon boulot, c'était de faire en sorte qu'il se sente bien quand il se sentait mal.* »

• « *Ma mère se culpabilisait toujours et déprimait vite quand quelque chose n'allait pas ; je devais toujours la rassurer, lui dire qu'elle n'avait aucun reproche à se faire et l'encourager coûte que coûte. C'était à moi de l'encourager à continuer quand elle voulait abandonner.* »

• « *Mes parents étaient opposés dans tant de domaines – dans leurs goûts comme dans leurs caractères – ils étaient toujours en train de s'énerver mutuellement. C'était uniquement à cause de moi qu'ils restaient ensemble, j'étais donc obligé d'avoir l'air heureux pour les rendre aussi heureux que possible. Je sentais que leur couple dépendait de moi.* »

Les enfants uniques peuvent être à la fois bénéficiaires et victimes de l'intimité avec leurs parents. Pour éviter qu'ils ne soient victimes d'un attachement excessif, **il faut poser des limites**. Certains signaux d'alarme permettent aux parents de repérer si l'intimité met en danger la vie affective de l'enfant, par exemple :

• L'enfant agit-il de façon anxieuse (il a l'air inquiet, demande plusieurs fois si ça va bien, s'accroche à des consignes de sécurité) quand les parents sont perturbés individuellement ou dans leur couple ?

• L'humeur de l'enfant fluctue-t-elle en fonction de l'humeur de ses parents ?

• Essaie-t-il de réconforter tout le monde, de faire diversion ?

• Essaie-t-il de comprendre et de régler le problème du couple ?

• L'enfant agit-il en médiateur dans les conflits de couple ?
• L'enfant s'implique-t-il automatiquement dans le problème en supposant que c'est de sa faute ?
Si la réponse est « oui » à une seule de ces questions, les parents doivent alors sérieusement, d'une part, s'interroger et d'autre part, donner une explication et s'efforcer de rétablir les limites.

Restituer à chacun ce qui lui appartient

La phase d'interrogation peut se formuler ainsi : « *Quand nous subissons des épreuves affectives, avons-nous besoin que notre enfant s'occupe de nous ? Pour nous sentir mieux ? Pour nous débarrasser l'esprit de nos problèmes ? Pour nous soustraire aux tensions de notre couple ?* » Si oui, ils doivent lui enlever cette responsabilité.
Dans **la phase explicative**, ils peuvent déclarer quelque chose comme ceci : « *Nous apprécions la façon dont tu veux t'occuper de nous quand nous sommes malheureux l'un ou l'autre. Mais nous voulons que tu saches que ce n'est pas ton rôle. Comme tout le monde, nous avons parfois des problèmes, dont la plupart n'ont rien à voir avec toi. Tu n'as pas à réparer nos sentiments ; c'est à nous de nous débrouiller. Si quelque chose ne va pas, nous te le dirons pour que tu n'aies pas l'impression que tu te fais des idées. Mais en ce qui concerne notre vie privée, nous ne savons pas toujours exactement ce qu'il en est. C'est quand nous aurons résolu le problème et que ça ira mieux que nous te le dirons.* »
Un jeune enfant peut comprendre beaucoup de choses. Les parents d'enfant unique peuvent souvent présumer que leur enfant jouit d'une plus grande maturité que les autres enfants. Le principal est de soulager l'enfant en établissant une séparation suffisante entre parents et enfant afin que l'indépendance individuelle et la responsabilité aient des limites claires.

VIII

FAIRE PLAISIR À TOUT PRIX

Distinguer l'approbation de l'amour

« *Bon travail* », « *Bravo !* », « *Félicitations* ». C'est souvent ainsi que les parents reconnaissent la réussite de leur enfant. L'enfant se sentant soutenu par ces expressions, il confond l'approbation de ses parents et l'amour parental. « *Ils m'aiment quand je réussis.* » Bien que l'approbation parentale puisse être ressentie comme de l'amour et que l'amour parental renforce leur approbation, les parents doivent aider l'enfant à comprendre que cette équation est fausse. Sinon, l'enfant risque de confondre les deux et de se laisser entraîner dans de douloureux malentendus.
Le raisonnement de l'enfant se déroule ainsi :
« *Si je veux que mes parents m'aiment, je dois obtenir leur approbation* » ;
« *Si je veux leur approbation, je dois leur plaire* » ;
« *Si je veux leur plaire, je dois bien agir* » ;
« *Si je n'agis pas bien, je les décevrai* » ;
« *Si je les déçois, ils ne seront pas contents de moi* » ;
« *S'ils ne sont pas contents de moi, ils vont me désapprouver* » ;
« *S'ils me désapprouvent, je vais perdre* ***leur amour*** ».

Il est généralement utile que les parents dissocient ces deux notions – l'amour et l'approbation – pour que l'enfant puisse comprendre la nature immuable de la première et la nature temporaire de la deuxième. Pour que cette distinction soit bien claire, ils doivent montrer et dire que l'amour est **inconditionnel et permanent**. Il représente un **engagement de dévouement absolu et indéfectible**. C'est un don. « *Nous t'aimons parce que tu es notre enfant et nous t'aimerons toujours.* »

Pour montrer le caractère **conditionnel et temporaire** de l'approbation, ils peuvent porter un jugement et donner des explications verbales. Approuver, c'est estimer à quel point l'enfant, à un moment donné, agit en accord avec les valeurs ou les désirs de ses parents. Il faut **mériter** l'approbation. « *Nous approuvons ta conduite si l'on veut et quand on le veut.* » **L'approbation n'est pas une preuve d'amour et l'amour ne garantit pas l'approbation**. Les deux sont indépendants et doivent rester distincts.

Cependant, cette distinction est parfois difficile à préserver quand l'enfant craint en permanence de décevoir ses parents et quand les parents se consacrent intégralement au bonheur de leur enfant. C'est en se faisant plaisir les uns aux autres que les parents et l'enfant ont le sentiment de consolider leur attachement.

« *Quand j'étais très jeune, j'avais le sentiment de grandir entouré d'estimation mutuelle. Je voulais faire de mon mieux pour leur plaire et ils voulaient faire de leur mieux pour me plaire. C'est pourquoi ces premières années ont été si heureuses et m'ont donné un tel sentiment d'amour. Et ça a marché merveilleusement bien jusqu'à ce que j'arrive au collège. Nous avons alors commencé à agir de façons qui ne nous plaisaient pas les uns les autres – à ne pas être d'accord et à nous disputer. Je me suis plaint et je me suis révolté. Ils m'ont critiqué et corrigé. Ça a été une période difficile. Aucun de nous ne s'est plus senti aimé comme avant.* »

Quand le plaisir est mutuel en effet, comme c'est souvent le cas dans la petite enfance, une relation idéalisée peut être considérée comme la norme. C'est souvent avec un sentiment sincère de perte ou même de trahison que les parents renoncent à ces années

dorées au moment de l'adolescence. « *Tu étais si merveilleux quand tu étais petit ; que t'est-il arrivé ?* »
Il n'y a rien de mal à ce que parents et enfant aient envie de se plaire et de s'approuver mutuellement, tant que ça reste modéré et différencié de l'amour. Ce bonheur à faire plaisir aux autres est en fait une des joies de l'éducation d'un enfant unique. Cette convergence du plaisir est puissante : plus on fait plaisir, plus on reçoit de l'approbation et plus on a envie de plaire. Les efforts que chacun fait pour assurer le bonheur des autres font des familles d'enfant unique, au moins jusqu'à la déchirure de l'adolescence, des lieux de vie très satisfaisants et harmonieux.

Éloges et compliments : la juste mesure

Pour renforcer les atouts que donne cette volonté de plaire, le plus efficace est probablement d'éviter le piège des éloges excessifs et aveugles. Plaire aux parents, surtout pour le petit enfant, est très motivant. Apprendre à marcher, devenir propre, commencer à se prendre en charge sont des actes qui reçoivent effectivement encouragements et félicitations. « *Oui*, pense l'enfant, *j'ai vraiment fait plaisir à mes parents cette fois !* » Les compliments des parents sont une motivation **extérieure** à l'enfant.
Cependant, à mesure que l'enfant grandit, les parents ont besoin de mesurer leurs éloges pour en préserver la valeur. S'ils sont accordés systématiquement pour n'importe quelle action, ils deviennent habituels et se trouvent dévalorisés. « *Mes parents pensent que tout ce que je fais est super.* » **Mieux vaut décerner les compliments de façon sélective**. Comme nous l'avons dit auparavant à propos de l'attention, ce que les parents disent de leur enfant détermine en grande partie la façon dont l'enfant va se voir lui-même.
Pendant les années préscolaires, il est vraisemblable que l'enfant unique considère que tout ce que ses parents disent est vrai. Donc,

quand des compliments trop enthousiastes font passer pour exceptionnels les efforts ordinaires de leur enfant, il peut croire sincèrement qu'il est supérieur aux autres. L'enfant risque alors de se sentir encouragé à adopter un comportement condescendant envers ses pairs. Par contre, si les éloges sont proportionnels à sa réussite, les parents vont éviter que l'enfant ne se fixe des projets trop grandioses. **Mieux vaut rester réaliste dans ses éloges**.

Dans la famille, les compliments sont une forme d'approbation qui fait comprendre à l'enfant qu'il a fait plaisir aux « pouvoirs en place », c'est-à-dire à ses parents. Un éloge global est réconfortant mais peut aussi être contre-instructif : « *Nous pensons que tu es merveilleux !* » Qu'est-ce qu'une telle phrase enseigne à l'enfant de ses capacités ? **Mieux vaut conserver à l'éloge une spécificité**. « *Tu es douée pour disposer joliment les choses et ça se voit quand tu mets la table.* »

L'éloge excessif, qui crée de grandes espérances, peut exercer une forme de pression. L'enfant se dit : « *Si mes parents pensent que je suis un génie, j'ai intérêt à être excellent dans tout ce que je fais.* » **Mieux vaut mesurer ses éloges**.

□ Être et faire

Pour renforcer les atouts que donne cette volonté de plaire, les parents peuvent exprimer à la fois le plaisir qu'ils ont eu à **faire quelque chose avec** l'enfant (« *Je me suis vraiment bien amusée avec toi au jardin public aujourd'hui* ») et le plaisir de la **performance** de l'enfant (« *Tu as bien joué aujourd'hui* »). Les hommes ont plus fréquemment tendance à apprécier ce que **fait** l'enfant car la société leur a souvent appris à estimer la performance. Les femmes, au contraire, ont tendance à apprécier ce que l'enfant **est**, car la société leur a enseigné à estimer la qualité des relations humaines. En valorisant l'un et l'autre, les parents encouragent l'enfant à préserver le mélange : « *Je suis valorisé pour ce que je suis **et*** ce que je fais. »

Quand la volonté de plaire devient tyrannique

Les parents et l'enfant unique tolèrent très difficilement de se déplaire les uns aux autres. En cas de blessure, d'offense ou de déception, ils peuvent le payer très cher sur le plan affectif. « *Je me sens un mauvais parent pour mon enfant.* » « *J'ai le sentiment de décevoir mes parents.* » Chacun veut protéger l'autre de toute blessure et se protéger lui-même au passage : « *Quand je te rends malheureux, je me sens moi-même misérable.* »

Cela peut coûter cher de laisser le désir de plaire devenir tyrannique. En s'efforçant d'éviter la désapprobation parentale, l'enfant peut sacrifier son authenticité pour leur faire plaisir. De même, pour éviter la désapprobation de leur enfant, les parents peuvent répugner à poser des limites saines qui risqueraient de déplaire à l'enfant.

L'enfant peut être accablé par cette question : « *Est-ce que je fais assez bien pour satisfaire mes parents ?* » Il peut hésiter à décevoir l'attente parentale, aussi irréaliste soit-elle : « *Je ne peux pas dire à mes parents qu'ils exigent trop de moi.* » Il s'engage alors à réaliser des choses qui vont le stresser considérablement, au lieu de déclarer : « *Je sais que ça ne vous plaît pas que je refuse de suivre tous les cours facultatifs, mais avec tout ce que je fais par ailleurs, c'est trop de pression, je ne peux pas l'assumer.* »

Les parents, eux, peuvent être tourmentés par la question : « *Est-ce que nous faisons tout notre possible pour que notre enfant soit heureux ?* » Ils peuvent craindre de déplaire à leur enfant s'ils s'opposent à ses demandes excessives ou injustifiées : « *Nous n'arrivons pas à lui dire non.* » Ils mettent donc en danger leur enfant en lui donnant plus de liberté qu'il n'est prudent de le faire, au lieu de déclarer : « *Nous savons que tu n'apprécies pas qu'on*

ne te laisse pas aller là-bas mais la surveillance est trop insuffisante pour que tu sois en sécurité. »
Pour déjouer les pièges du désir de plaire, les parents doivent donc **distinguer clairement l'amour et l'approbation, encourager l'enfant à s'exprimer au risque de leur déplaire et s'exprimer eux-mêmes au risque de déplaire à leur enfant**.

□ Faire attention à ce qu'on dit

Il y a également des expressions malheureuses à éviter car elles accentuent la tendance tyrannique du désir de plaire. Ces affirmations accablent l'enfant qui peut se sentir menacé de perdre de la valeur aux yeux de ses parents.
• « *Nous sommes fiers de toi* » suggère qu'il y a un lien entre la réussite de l'enfant et la satisfaction personnelle des parents. S'il fait ce lien, l'enfant peut être convaincu que c'est sur sa réussite qu'est fondée l'estime de soi de ses parents. S'il agit mal, ses parents auront eux-mêmes le sentiment d'avoir mal agi. Mieux vaut lui dire : « *C'est bien pour toi* », « *Tu fais vraiment des progrès* », « *Nous sommes contents pour toi* ».
• « *Tu nous déçois* » suggère que l'enfant a baissé dans l'estime de ses parents. La plupart des enfants uniques sont incapables de se confronter émotionnellement à cette perte. Mieux vaut dire : « *Nous devons t'aider à trouver un moyen de faire mieux la prochaine fois.* »
• « *On ne peut pas compter sur toi* » suggère le poids de la dépendance parentale qui pèse sur l'enfant unique et qu'il est responsable de leur bien-être autant que du sien. Mieux vaut dire : « *Nous nous attendions à autre chose.* »
• « *Comment as-tu pu nous faire ça ?* » suggère que les erreurs ou la mauvaise conduite de l'enfant étaient intentionnelles. Comme les enfants uniques ont tendance à se sentir coupables quand ils blessent leurs parents par inadvertance, ils sont vraisemblablement incapables de le faire exprès. Mieux vaut dire : « *Nous devons*

discuter avec toi de ce qui s'est passé pour que ça ne se reproduise pas. »

• « *Pourquoi ne peux-tu pas faire aussi bien que les autres ?* » suggère que, par comparaison, les parents préfèrent les autres enfants au leur. Concernant l'approbation parentale, la plupart des enfants uniques ne sont émotionnellement pas préparés à entrer en compétition avec d'autres enfants. Mieux vaut dire : « *Nous aimerions que tu te comportes autrement ; voilà comment.* »

• « *Tu fais tout de travers* » suggère une condamnation globale sans espoir de rédemption. Un enfant unique a besoin de savoir qu'aucun de ses actes ne brisera jamais la confiance de ses parents dans sa capacité à bien faire. Mieux vaut dire : « *Tu t'y es mal pris cette fois ; cherchons comment tu pourrais réussir la prochaine fois.* »

• « *On abandonne, ce n'est plus possible !* » suggère que les parents ne sont plus capables de se préoccuper des agissements de leur enfant. Une telle déclaration concrétise la pire crainte de l'enfant unique : la perte de leur amour. Mieux vaut dire : « *Nous avons l'intention de tenir bon et de t'aider à régler ce problème.* »

Qu'on veuille aider ou éduquer, la première consigne est d'essayer de ne pas faire de mal. Les parents n'ont donc pas envie de dire des choses qui aggravent la tyrannie du désir de plaire, déjà naturellement présent chez l'enfant.

Il n'est pas inutile que les parents se répètent l'affirmation suivante jusqu'à ce qu'ils commencent à y croire : ***« Si notre enfant agit mal, cela ne veut pas dire qu'il est mauvais ni que nous sommes de mauvais parents. Les bons parents ont de bons enfants qui prendront parfois de mauvaises décisions au cours du processus normal d'essais et d'erreurs. »***

Si les parents acceptent le fait qu'il est inévitable que leur enfant se conduise mal parfois et si les enfants uniques acceptent d'être ensuite corrigés par leurs parents, ils peuvent réduire le côté tyrannique du désir de plaire dans leur relation. Il est irréaliste d'attendre la perfection de la part de l'autre ou de soi-même.

IX

QUE D'ESPOIRS ! TANT D'AMBITIONS !

Si ce chapitre est un des plus longs du livre, il y a une bonne raison ! Il propose des **modèles pour gérer les attentes** afin d'aider les parents à éviter les conflits inutiles provoqués par des malentendus avec leur enfant.
Comme la plupart des parents d'enfants uniques sont parents pour la première fois, ils n'ont pas d'expérience pour déterminer ce qu'ils peuvent raisonnablement attendre de leur enfant ou d'eux-mêmes. Un des principaux défis de l'éducation est donc de déterminer les attentes qui correspondent à la réalité de leur enfant à mesure qu'il grandit, et de définir leur rôle à mesure qu'il change.

Les attentes des parents : entre rêve et réalité

Les attentes sont des images mentales que les gens se créent pour anticiper ce qui va arriver dans leur vie, au fur et à mesure qu'ils se déplacent dans le temps et qu'ils franchissent des étapes. Devenir parent est une de ces étapes. « *À quoi notre enfant va-t-il ressembler ?* », se demandent les futurs parents. « *Qu'est-ce que c'est que d'être parent ?* » Ils ne le savent pas.
Plutôt que de rester dans l'inconnu, sans pouvoir se préparer, ils répondent à ces questions en formulant **trois sortes**

d'attentes pour se sentir, d'une part, plus confiants en essayant de prévoir et, d'autre part, moins inquiets de leur ignorance en s'informant.

> **Les attentes des parents**
>
> 1 – Ils vont faire des **prévisions** sur l'état physique de l'enfant, par exemple : « *Notre enfant sera en bonne santé.* »
> 2 – Ils vont avoir des **ambitions** sur la façon dont ils souhaitent que l'enfant se comporte : « *Nous voulons que notre enfant soit affectueux et éveillé.* »
> 3 – Ils vont poser des **conditions**, par exemple l'adaptation de l'enfant à leur mode de vie : « *Il faudra qu'il fasse ses nuits à un mois.* »

Si ce qu'ils espèrent correspond à la réalité, ils éprouvent un sentiment positif. Quand leur **prévision** sur la santé est juste, ils se sentent **rassurés**. Quand leur **ambition** d'avoir une relation affectueuse est satisfaite, ils se sentent **comblés**. Quand leur **condition** d'adaptation à leur vie est remplie, ils se sentent **satisfaits**. Quand leurs attentes rencontrent leurs objectifs, les parents, en tant que nouvelle famille, sont contents de ce qu'ils ont : « *C'est exactement comme ça qu'on imaginait le fait d'avoir un enfant.* »

Quand la réalité est autre

Et si ces attentes sont déçues ? Le petit bébé peut être affligé de crises de coliques. Quand ils essaient de réconforter l'enfant qui hurle, il s'énerve parfois encore plus et rejette leur affection. À quatre mois, l'enfant les réveille encore la nuit en pleurant de détresse. Leurs espoirs sont trompés : « *Élever un enfant, ça ne peut*

pas être comme ça ! » Ces situations éveillent alors des sentiments bien différents.
– Leur **prévision** de santé s'avérant fausse, les parents peuvent être **surpris** et parfois même **s'angoisser** : « *Allons-nous réussir à le calmer ?* »
– Contrariés dans leur **désir** d'affection, les parents peuvent être **déçus** et se laisser parfois aller à la **tristesse** : « *Je veux le prendre dans mes bras et le réconforter, mais il n'y a rien à faire.* »
– Leur **condition** d'adaptation à leur mode de vie n'étant pas remplie, les parents se sentent **trahis** et peuvent se mettre en **colère** : « *Il pourrait nous laisser au moins une nuit de sommeil.* »

Savoir s'adapter

Les parents n'ont désormais plus un problème mais deux. D'une part, ils ont un enfant mystérieusement affligé de coliques et, d'autre part, ils ont le sentiment que leurs attentes ont été déçues. Même s'ils consultent un médecin pour régler les troubles digestifs, il n'est pas certain qu'ils puissent faire grand-chose pour ce premier problème (les coliques), mais ils peuvent certainement atténuer le second (la déception).
Les attentes ne sont ni génétiques ni figées. On les choisit et on peut leur donner une certaine souplesse. Quand les parents s'accrochent à des espoirs irréalistes face à une réalité qu'ils ne peuvent pas changer, ils se mettent en situation de détresse affective – angoisse, tristesse et colère. Mieux vaut ajuster leurs attentes à la réalité que vit leur enfant.
• « *Notre enfant va continuer à être perturbé par ses coliques jusqu'à ce que nous trouvions quelque chose pour le soulager ou que ça passe avec le temps.* »

• « *Nous avons envie de réconforter notre enfant mais nous savons que, parfois, ça l'énerve encore plus.* »
• « *Nous devons nous attendre à ce que notre sommeil soit perturbé tant qu'il aura mal.* »

□ Garder une perspective réaliste

Les parents ont une telle envie de bien faire avec leur enfant unique, et réciproquement, que les espoirs des uns et des autres deviennent très vite irréalistes. Quand ils sont trahis, il y a généralement un prix à payer sur le plan émotionnel. Compte tenu de l'intimité affective des relations familiales et des réactions violentes que peuvent provoquer les espoirs déçus, il n'est pas toujours facile de gérer les attentes de façon réaliste.
En partageant et en spécifiant ses attentes, chaque membre de la famille peut **anticiper les changements** (se préparer pour quelque chose de nouveau et de différent), **coordonner les efforts** (ménager des dispositions et des accords possibles) et **communiquer ses besoins** au sein de la famille (discuter de ce qu'ils attendent les uns des autres). Dans tous ces domaines, et bien d'autres encore, exprimer ses attentes maintient la cohésion familiale.

□ Anticiper les changements

Si l'on observe un jeune couple à la naissance de son premier enfant, on voit comment cette transition est facilitée si chacun précise ce qu'il attend.
• « *Nous allons avoir plus de dépenses, comment allons-nous gérer notre budget quand l'enfant sera là ?* » : ils font des **prévisions**.
• « *Nous avons envie de préserver des moments à deux, comment allons-nous nous organiser ?* » : ils parlent de leurs **ambitions**.
• « *Nous allons avoir moins de liberté individuelle, comment allons-nous partager cette nouvelle responsabilité ?* » : ils abordent les **conditions**.

Si chacun s'explique sur ses espoirs et ses attentes, anticipant cette nouvelle expérience, les parents risquent moins d'être surpris, déçus ou de se sentir trahis quand les changements se produisent.

□ Coordonner les efforts

Grâce au partage qui renforce le sentiment de compréhension et d'entente, les membres de la famille vont avoir l'impression de travailler sur les mêmes bases. Les parents sont des partenaires qui doivent coopérer. Mais si les attentes ne sont pas clairement définies, la meilleure coopération n'entraînera qu'une communication bancale. « *Je pensais que tu resterais le soir à la maison avec le bébé pour que je puisse sortir avec des amis !* » proteste le parent n° 1, alors que le parent n° 2, clamant son ignorance, s'oppose à ce projet : « *Tu veux dire que tu as supposé que je le ferais* », répond en colère celui qui avait espéré passer ce moment en famille. « *N'attends pas de moi que je fasse quelque chose dont nous n'avons pas discuté.* » **Le chemin qui mène au conflit conjugal est pavé de fausses présomptions.**

□ Communiquer ses besoins

De même qu'en clarifiant les attentes, les parents peuvent observer une ligne de conduite mutuellement comprise et acceptée, de même, en précisant ce que l'enfant unique doit attendre d'eux, ils évitent les malentendus et les conflits inutiles.
Quand l'enfant entre en 6e par exemple, ce qui va lui demander plus de travail et de responsabilité, les parents peuvent l'informer de ce qu'ils attendent de lui.

- « *Nous partons du principe que tu rentreras directement à la maison après l'école* » (**prévoir** est indispensable pour faire des projets).
- « *Nous voulons que tu maintiennes une moyenne de B* » (avoir des **ambitions** est nécessaire pour se fixer des buts).

• « *Nous pensons que tu dois absolument faire tes devoirs* » (il est nécessaire de poser des **conditions**).

Dans la mesure où les parents précisent ce qu'ils attendent de leur enfant – leurs projets, leurs buts, leurs conditions –, celui-ci commence à savoir où il se situe. L'enfant qui peut dire en toute sincérité : « *Je sais ce que mes parents attendent de moi* », ressent généralement un lien solide avec sa famille, sans pour autant être toujours d'accord avec elle.

Quelques situations difficiles

Quand les parents et l'enfant unique communiquent quotidiennement sur ce qu'ils pensent qu'il va se passer, ce qu'ils veulent qu'il se passe, ce qu'ils pensent qu'il devrait se passer, cela leur permet d'avancer dans la même direction. Il y a cependant des situations particulières où les parents doivent s'assurer que les attentes sont bien claires avec leur enfant unique.

• Chaque fois qu'un changement important doit se produire dans la famille (tel qu'un nouvel emploi qui entraîne un changement significatif dans les horaires de travail), il est important de préciser ce qui va rester pareil et ce qui va changer pour l'enfant.

• Chaque fois qu'un membre de la famille a le sentiment qu'il est l'objet d'attentes irréalistes (par exemple, le sentiment qu'on lui en demande trop), il doit s'exprimer et s'efforcer d'obtenir des attentes plus raisonnables.

• Chaque fois qu'un membre de la famille sait qu'il va trahir l'attente d'un autre (comme de rentrer à la maison plus tard que promis), celui-ci doit s'engager à corriger cette attente dès que possible.

• Chaque fois qu'un membre de la famille ne sait pas ce qu'il doit attendre d'un autre et commence à imaginer le pire (par exemple, interpréter le silence de l'autre comme de la déception ou de la colère), il doit demander des explications sur ce qui se passe vraiment.

• Chaque fois que doit se produire une séparation importante entre les parents et leur enfant unique (comme un départ en classe de nature ou un déplacement professionnel), ils doivent préciser à quelle fréquence et comment ils vont communiquer pendant le temps de la séparation.

L'expression des attentes est une forme de communication qui permet à chacun de savoir clairement et de façon continue ce qui se passe et ce qui va se passer, et de maintenir les membres de la famille dans un sentiment de proximité grâce à des informations justes et réalistes.

Il y a deux expériences, relativement courantes, susceptibles de bouleverser la vie familiale car, dans les deux cas, le risque que les attentes soient trahies est très élevé. La première concerne les grandes étapes de la croissance de l'enfant et la deuxième, la façon dont les parents gèrent la discipline.

Des étapes à franchir

Une étape est une période de transition où l'on passe d'une ancienne à une nouvelle réalité. C'est le cas, par exemple, de l'entrée en CP pour un enfant ou, pour les parents, de l'entrée de leur enfant dans l'adolescence. Si ces transitions sont marquées par des attentes irréalistes, elles risquent d'être beaucoup plus difficiles à vivre.

□ Ce que l'enfant attend de l'école

Étant le centre de l'attention des adultes et estimant sa valeur à travers leurs yeux, l'enfant unique risque de manquer de réalisme sur ce qui l'attend à l'école. Les parents peuvent éclaircir certaines choses à l'avance en lui demandant : « *Comment vois-tu l'école ?*

Comment aimerais-tu qu'elle soit ? Comment crois-tu que ça marche ? » L'enfant peut répondre à cette nouvelle expérience par une prévision, une ambition et une condition qui ne correspondent pas forcément à la réalité de l'école.

- La prévision de l'enfant peut être : « *Je pourrai choisir parmi tout ce qu'on me demandera de faire.* »
- L'ambition de l'enfant peut être : « *Je veux toujours être félicité pour ce que je fais.* »
- La condition de l'enfant peut être : « *Il faudra me laisser tout le temps dont j'ai besoin pour finir mon travail.* »

Suivant le degré de réalisme de ses attentes, l'enfant peut se retrouver dans une grande détresse affective. S'il manifeste crainte, tristesse ou colère en pleine classe, il peut provoquer une réaction négative de la part de l'enseignant qui est déterminé à traiter l'enfant unique comme n'importe quel autre élève.

Les parents peuvent aider l'enfant à éviter un bouleversement affectif inutile en redéfinissant des attentes qui conviennent mieux à la nouvelle situation.

- « *Contrairement à la maison où on te laisse souvent le choix, à l'école, on te dira ce que tu dois faire.* »
- « *Contrairement à la maison où nous apprécions toujours ce que tu fais, à l'école, ton maître ne te félicitera pas aussi souvent, parce qu'il y a beaucoup d'autres élèves qui ont besoin d'attention.* »
- « *Contrairement à la maison où on te laisse tout le temps que tu veux pour faire ton travail, à l'école tu dois finir ton travail à l'heure que ta maîtresse a fixée.* »

□ Une surprise pour les parents : l'entrée de leur enfant dans l'adolescence

Les parents ont souvent une relation tellement idyllique avec leur enfant unique qu'ils ne sont que rarement préparés aux tensions normales et aux désaccords que l'adolescent peut provoquer. Se sentant trahis, ils peuvent alors se laisser déborder par leur propre angoisse, leur tristesse ou leur colère lors de cette nouvelle étape dont ils n'avaient pas prévu les difficultés.

Les parents, qui n'avaient pas imaginé que l'adolescence allait transformer la relation qu'ils avaient auparavant avec l'enfant, peuvent entamer cette transition importante avec des attentes largement irréalistes.

- « *Nous supposons que notre adolescent sera aussi ouvert et communicatif qu'auparavant* » : c'est leur **prévision**.
- « *Nous supposons que notre adolescent aura toujours envie de passer autant de temps avec nous* » : c'est leur **ambition**.
- « *Nous supposons que notre adolescent sera aussi serviable et obéissant qu'auparavant* » : c'est leur **condition**.

Quand ces attentes ne correspondent pas aux changements provoqués par l'adolescence, ils peuvent éprouver un sentiment de surprise, de déception ou de trahison. Il leur aurait été plus utile d'imaginer des changements davantage conformes à la réalité.

- « *Nous supposons que notre adolescent sera un peu moins communicatif qu'avant pour séparer sa vie privée de la nôtre.* »
- « *Nous supposons que notre adolescent souhaitera passer plus de temps avec ses amis et un peu moins avec nous.* »
- « *Nous supposons que notre adolescent aura un peu plus de mal à faire ce qu'on lui demande à la maison.* »

De même qu'il est bon pour l'enfant unique d'entrer à l'école avec des attentes réalistes, de même il est bon pour les parents d'un enfant unique d'avoir des attentes réalistes à propos des changements inévitables de l'adolescence.

Comment agir ? Comment punir ?

Quand l'enfant trompe les espoirs de ses parents, il peut craindre de détériorer au passage la relation avec ses parents. Et il peut effectivement avoir de bonnes raisons de s'inquiéter s'il se fonde sur leur réaction. Ceux-ci peuvent être surpris (« *Nous avons eu peur parce que tu nous as mal informés* »), déçus (« *Nous avons le sentiment que tu nous as trompés en ne faisant pas ce que tu avais promis* ») ou se sentir trahis (« *Nous sommes fâchés que tu aies enfreint une de nos règles* »).

Le défi pour les parents est de montrer à l'enfant que ce n'est pas parce qu'il a mérité leur désapprobation qu'il a perdu leur amour. C'est dans la façon dont ils vont communiquer leurs attentes qu'ils vont transmettre ce message : « *Nous pouvons te punir et te corriger tout en t'acceptant comme tu es.* »

□ De l'acceptation à la sanction

Quand l'enfant se conduit mal, les parents doivent réagir en associant deux attitudes : l'une affirmant **l'acceptation** et l'autre, un **espoir de changement**. L'acceptation réduit la pression sur l'enfant : « *Quels que soient tes actes, nous t'aimons, toi et ce que tu es.* » Par l'acceptation, les parents expriment que leur amour est **inconditionnel** et qu'ils tiennent au lien qui les unit. Ils transmettent leur prévision (« *Nous t'aimerons toujours* »), leur ambition (« *Nous voulons que tu sois comme tu es* ») et leur condition (« *Tu pourras toujours compter sur nous* »). L'enfant unique qui sent la fermeté de ces affirmations est plus apte à supporter l'impact de la deuxième attitude (l'espoir de changement) quand elle devient nécessaire.

Les espoirs de changement augmentent la pression sur l'enfant : « *Si tu ne suis pas nos exigences et que tu dépasses les limites que nous avons fixées, nous prendrons des mesures en fonction de ta conduite.* » Les espoirs de changement montrent que les parents sont **responsables et capables de punir**. Ils disent leur prévision (« *Nous nous exprimerons dans ton intérêt même si ce n'est pas ce que tu souhaites entendre* »), leur ambition (« *Nous voulons que tu agisses dans ton intérêt et non contre toi* ») et leur condition (« *En tant que parents, nous devons t'indiquer une direction dans la vie et nous avons l'intention de le faire* »). L'enfant unique qui sent que ces espoirs sont là, sait qu'il grandit dans une structure familiale solide sous étroite surveillance.

□ De la sanction à l'acceptation

Si les parents font bien la distinction entre les deux attitudes, ils peuvent sanctionner leur enfant tout en le sécurisant sur la pérennité de leur amour. Avant toute mise au point, ils doivent confirmer la continuité du lien pour que l'enfant ne craigne pas le rejet : « *Ils ne vont plus vouloir entendre parler de moi après ce que j'ai fait.* » Les parents formulent donc d'abord leur acceptation : « *Ce que tu as fait ne change rien à l'amour que nous avons pour toi.* » Ils peuvent ensuite exposer leurs espoirs de changement : « *Il faut corriger ton erreur et en assumer les conséquences.* » Et enfin, après la correction et la réparation, les parents normalisent la relation en formulant de nouveau leur acceptation et leur engagement inconditionnel envers l'enfant.

- « *Nous pensons toujours du bien de toi* » (qui s'oppose au rejet : « *Nous restons déçus* »).
- « *Nous avons toujours confiance en toi* » (qui s'oppose à la déclaration d'abandon : « *Nous n'espérons plus rien de toi* »).
- « *Nous t'aimons toujours* » (qui s'oppose à l'indifférence : « *Ce que tu fais désormais nous est égal* »).

La volonté de bien faire

Si l'on reprend les trois expressions de l'attente – prévisions, ambitions et conditions –, l'ambition est probablement ce qui complique le plus les relations des parents avec leur enfant unique et soulève deux questions.

- Quelles normes et quels buts les parents désirent-ils assigner à leur enfant ?

• Quel degré de réussite l'enfant doit-il atteindre pour avoir le sentiment qu'il fait assez bien ?

Au cœur de ces questions se trouve la relation entre l'investissement et le retour d'investissement (ce qui est donné en échange). L'investissement des parents d'un enfant unique – en espoirs, en temps, en énergie et en ressources –, est plus important que celui des autres parents dans chacun de leurs enfants car ils n'ont pas besoin de diviser ce qu'ils ont à donner. Quant à la notion de retour, l'éducation n'est pas un effort purement altruiste. C'est aussi en partie égoïste. Quel que soit le nombre d'enfants, les parents attendent quelque chose en retour de leur amour, de leur effort et de leur sacrifice. Mais ils en attendent plus d'un enfant unique puisqu'il est le seul à pouvoir satisfaire le plaisir d'avoir des enfants. La réussite de leur enfant n'est qu'une partie de la satisfaction parentale, mais elle est souvent la seule mesure pour juger de la qualité de leur éducation : « *La façon dont notre enfant réussit montre à quel point notre éducation est bonne.* » La plupart des parents ont de l'ambition pour leur enfant unique. Ils veulent bien faire par l'intermédiaire de leur enfant et ils veulent qu'il fasse bien par leur intermédiaire. « *Nous voulons seulement le meilleur* ***pour*** toi » est parfois un message codé qui signifie : « *Nous voulons le meilleur* **de** toi. »

Conscient de l'énorme investissement que ses parents ont fait sur sa vie, l'enfant unique (se sentant parfois reconnaissant, obligé ou même coupable) veut souvent leur en redonner autant. « *Mes parents ont tant fait pour moi. Quels qu'aient été mes désirs, ils me soutenaient si c'était possible. Ils ont été derrière moi à 100 %, j'ai donc essayé de leur renvoyer quelque chose dont ils puissent être fiers.* » **Si les enfants uniques ont tendance à avoir de l'ambition pour eux-mêmes, c'est en partie pour le bien de leurs parents**.

L'enfant unique en position d'égalité avec ses parents

Grandissant dans une famille nucléaire composée d'adultes, l'enfant unique apprend vite à se mettre dans une position sociale égale à celle de ses parents. S'identifiant à eux et imitant leurs manières, il se sent rapidement plus égal à eux qu'inférieur. « Donner et prendre » sont des attitudes qui lui viennent naturellement. S'exprimer, émettre ses opinions et s'attendre à être consulté sur les décisions familiales, tout cela est ressenti comme un droit de naissance. N'étant pas intimidé par l'autorité parentale, l'enfant unique est rarement intimidé par les autres figures de l'autorité. Les amis de ses parents, avec lesquels l'enfant apprend à se socialiser, le considèrent habituellement comme socialement précoce et sont impressionnés par les manières et les compétences d'adultes chez quelqu'un de si jeune. « *Comme tu es grand !* » est un compliment qui lui est fréquemment adressé.

Comme on le félicite de paraître plus âgé, l'enfant unique s'efforce généralement de répondre à ces attentes en adoptant un comportement de plus en plus mûr dans sa vie sociale. « *Bien sûr, je savais que j'étais un enfant, mais je savais aussi que j'étais supposé agir en adulte. Mes parents ne voulaient pas me pouponner parce qu'ils ne voulaient pas que je continue à me comporter en bébé. Ils voulaient que je rejoigne leur monde dès que possible. Ils me traitaient comme un petit adulte. Ils ne voulaient pas se servir de leur âge avec moi. Ils expliquaient ce qu'ils voulaient de moi et pourquoi. Malgré les règles qu'ils avaient édictées, j'étais leur égal en tant que personne.* »

En conséquence de ce statut d'adulte que suppose l'égalité, l'enfant unique prend alors, généralement à l'insu de ses parents, une résolution très formatrice : « *Puisque je me considère leur égal socialement, je veux alors être aussi capable qu'ils le sont.* »

Présumant de ce statut d'égalité, l'enfant en arrive à vouloir appliquer à sa propre réussite les mêmes normes que celles des adultes.
Sans aucune pression de la part de ses parents, l'enfant unique intériorise habituellement de hautes ambitions qui proviennent tout droit de son sentiment d'égalité. C'est pourquoi les parents d'enfants uniques n'ont généralement pas besoin, et ne devraient sans doute pas, pousser leur enfant à réussir. Sa motivation interne est suffisante.

Faire « baisser la pression »

Comme l'enfant unique est généralement très motivé (voir, par exemple, le nombre important de médecins qui sont enfants uniques ou aînés), le travail des parents n'est pas tant de mobiliser que « d'humaniser » cette ambition. Cela signifie qu'il faut aider l'enfant à conserver un caractère réaliste et humain à ses espoirs de réussite. C'est ainsi que l'intervention des parents peut, en certaines occasions, encourager l'enfant à limiter l'obligation de réussite qu'il s'impose (et la pression qui en découle).
• Quand l'enfant est inquiet parce qu'il n'arrive pas à exécuter une tâche aussi facilement ou aussi bien que ses parents, ceux-ci peuvent lui rappeler délicatement qu'il n'est pas encore un adulte. Cela fait longtemps qu'ils pratiquent ce que l'enfant est en train d'apprendre pour la première fois. « *Ne te mesure pas à nous. Ce n'est pas juste pour toi.* »
• Quand l'enfant indique qu'il considère la réussite comme le seul critère de l'estime de soi (« *Je ne vaux que par ce que je réalise* »), les parents peuvent lui rappeler qu'il est avant tout un être humain et secondairement un humain « qui agit ». « *Notre amour pour toi – et nous l'espérons, le tien pour nous – est fondé non sur ce que tu accomplis mais simplement sur qui tu es.* »
• Quand l'enfant est découragé parce qu'il n'a pas atteint une

ambition personnelle, les parents peuvent lui rappeler que, à long terme, l'effort est plus important que le résultat et qu'il n'y a pas d'échec sauf à ne rien tenter. « *Tu as toujours appris en essayant et chacun de tes efforts ne fait que renforcer tes capacités de travail et t'aide donc à réaliser ce que tu veux.* »

Il arrive qu'un enfant unique très motivé soit trop dur envers lui-même. Les parents peuvent, par leur comportement, en évitant eux-mêmes de se faire des reproches, donner l'exemple à leur enfant et l'encourager à ne pas s'autopunir.

Les rêves non réalisés

L'ambition pose certains pièges aux parents :

– un besoin de compenser auprès de leur enfant les privations de leur propre enfance ;

– un besoin de réaliser leurs rêves par enfant interposé.

Ainsi qu'à l'enfant unique :

– un besoin de réaliser, dans ce qu'il entreprend, les rêves non réalisés de ses parents ;

– un besoin d'atteindre un niveau de réussite tellement élevé que la moindre imperfection est considérée comme un échec relatif.

□ Compenser et réparer

Les parents qui ont des projets personnels ambitieux peuvent confondre leur ambition et celle qu'ils ont pour leur enfant. Prenons, par exemple, un adulte qui a grandi dans une famille qui n'a pas pu assurer matériellement le minimum aux enfants. Déterminé à surmonter les privations de son enfance, cet adulte, quand il envisage de fonder une famille, décide de compenser pour tout ce qui lui a manqué. « *Je veux que mon enfant vive mieux que moi. Je veux lui donner ce que mes parents n'ont pas pu me donner.* » Emporté par son ambition personnelle, le parent agit avec l'enfant comme pour corriger le cours de l'histoire, en réalisant dans le présent ce qui a manqué dans le passé. Mais si l'enfant n'est pas réceptif, reconnaissant ou sensible à ce désir, les parents peuvent ressentir une intense déception, incompréhensible pour l'enfant. « *Je n'ai jamais compris pourquoi ma mère me félicitait pour un détail et puis se mettait en colère parce que je trouvais que c'était normal* » (sa mère avait grandi dans une famille où on ne faisait jamais de compliment). « *Je n'ai jamais compris pourquoi mon père voulait tellement s'impliquer dans mon entraînement sportif et a tellement souffert que je ne veuille pas de lui comme entraîneur* » (son père a grandi dans une famille où les parents ne s'impliquaient pas). **Quand les parents donnent à leur enfant unique ce qu'ils auraient eux-mêmes souhaité recevoir, ils peuvent exercer une forte pression pour que l'enfant exprime sa reconnaissance ou sa gratitude, et se trouver cruellement déçus s'il ne réagit pas ainsi**.

Les parents qui ont souffert de privations dans leur enfance ont besoin de soigner leurs blessures non cicatrisées et ne doivent pas attendre de leur enfant unique qu'il soit leur source de salut. Quand ils savent que c'est leur propre maturation inachevée qui les entraîne à surinvestir ou à réagir de façon excessive avec leur enfant, ils peuvent éventuellement travailler à leur propre guérison en demandant l'aide de professionnels.

□ Réaliser des rêves personnels

Projeter ses rêves sur l'enfant est un autre point sensible pour les parents. On peut dégager deux catégories de rêves susceptibles d'amplifier leurs ambitions : ils peuvent rêver de ressemblance ou bien de différence. Une mère qui rêverait de ressemblance pourrait dire : « *Je voulais que ma fille soit très engagée dans la vie sociale et s'entoure d'amis, comme moi ; mais elle préfère passer du temps toute seule.* » Si les parents sont déçus que leur fille préfère la solitude, elle peut elle-même se sentir déçue : « *Je n'aurai jamais le succès que ma mère avait ou qu'elle voulait que j'aie.* » Un père rêvant de différence pourrait dire : « *J'aurais aimé que mon fils continue ses études et ne les arrête pas pour travailler comme moi, mais c'est pourtant ce qu'il a fait.* » En exprimant sa déception sur le choix de son fils, celui-ci peut se sentir lui-même déçu : « *Je ne serai jamais l'étudiant que mon père voulait que je sois.* » **Les parents doivent être sensibles aux ambitions qui sont liées à leurs rêves car, quand elles sont trahies, leur déception peut être accablante pour leur enfant unique**.

Il peut être utile pour les parents de faire le point sur leurs propres rêves. Il suffit qu'ils se posent deux questions.

- « Parmi les choix personnels de notre vie, quels sont ceux qui nous semblent importants et que nous aimerions que notre enfant fasse aussi ? »
- « Parmi les choix que nous avons faits, quels sont ceux qu'il devrait éviter de faire ? »

Les réponses peuvent toucher à des sujets très chargés sur le plan affectif. S'ils y ont réfléchi à l'avance, les parents réagissent moins violemment au cas où l'enfant ne répondrait pas à leurs ambitions. Il est bon également qu'ils se souviennent que ce qui avait de la valeur pour eux n'en a pas forcément pour leur enfant, et que ce qui a été une erreur pour eux n'en est peut-être pas une pour l'enfant.

□ L'enfant qui veut satisfaire les rêves parentaux (« je ferai ce que mes parents n'ont pas pu faire »)

Pour l'enfant unique qui s'efforce de satisfaire les aspirations parentales, le piège réside dans le sentiment qu'il **doit** accomplir ce que ses parents n'ont pas pu accomplir eux-mêmes. Une fille peut confier : « *Ma mère a sacrifié son désir de poursuivre ses études, elle a travaillé et économisé pour que je puisse le faire. C'est en partie la raison pour laquelle je suis allée à l'université au lieu d'entrer dans la vie active. Ces diplômes, ce n'est pas seulement* *pour moi, c'est au moins autant pour elle.* » Ou un fils peut avouer : « *Malgré tous ses efforts, mon père n'a jamais réussi dans les affaires. Il a toujours tiré le diable par la queue. C'est pour ça que je voulais gagner plein d'argent en me lançant dans les affaires, pas seulement pour moi mais pour qu'il puisse, par mon intermédiaire, éprouver le sentiment d'avoir réussi financièrement.* » **Les enfants uniques peuvent consacrer leur vie à satisfaire les aspirations non réalisées de leurs parents.**

Pour ne pas développer cette servitude, les parents peuvent s'assurer qu'ils ne poussent pas leur enfant à satisfaire leurs propres désirs et le libérer en disant : « *Nous avons, dans notre vie, pris des décisions en fonction de nos besoins, pour vivre notre vie – et pas celle de nos parents – et nous souhaitons que les choix que tu feras dans ta vie, tu les feras parce qu'ils sont bons pour toi et non par devoir envers nous.* »

L'enfant qui voulait être parfait : les pièges du perfectionnisme

Une autre ambition-piège est de vouloir être parfait aux yeux des parents. « *Quand tes parents pensent que tu es parfait, disent que tu es parfait et te traitent comme un être parfait, tu t'y efforces. Sinon, tu les décevrais et qui peut en avoir envie ? S'il y a une chose dont je n'ai jamais voulu être coupable, c'est de décevoir mes parents.* »

Quand toutes les aspirations parentales sont concentrées sur un seul enfant, la pression peut entraîner l'enfant à essayer de tout faire à la perfection, de réussir comme ses parents le souhaitent, de démontrer qu'il est, après tout, et avant tout, l'enfant exceptionnel qu'ils voulaient. Pour s'efforcer de satisfaire cet idéal irréaliste, l'enfant unique doit subir la double pression que provoque le perfectionnisme : vivre sans faire d'erreurs (en les évitant à tout prix) et toujours exceller (en n'échouant à aucun prix).

Les idéaux comme la perfection sont à double tranchant : ils peuvent ennoblir et inspirer mais ils peuvent aussi déshumaniser et décourager. Un être idéal n'est pas un être réel. Un être idéal n'est pas un être humain parce que « l'erreur est humaine ». Il arrive cependant que l'enfant unique ne perçoive pas qu'un tel idéalisme est irréaliste.

◻ Des sentiments négatifs

Un des héritages courants d'une enfance unique est **un sentiment d'échec relatif** et même **un sentiment de supercherie**. Quels que soient ses efforts, l'enfant, quand il ne peut pas satisfaire son idéal intérieur, éprouve un sentiment troublant d'infériorité. « *Je n'ai jamais été à la hauteur de ce qu'on attendait de moi, ou du moins, de ce que j'attendais de moi-même. Il m'a fallu du temps pour accepter qu'on peut être moyen. Mais chaque fois que je vois mes parents, ils me traitent comme ils l'ont toujours fait – comme quelqu'un de très accompli à qui ils portent une grande admiration. Je repars toujours avec un sentiment mélangé. C'est agréable d'être considéré aussi favorablement mais désagréable de savoir que je ne suis pas vraiment cette personne merveilleuse et couronnée de succès qu'ils pensent que je suis.* »

Pour beaucoup d'enfants uniques, ce sentiment de déception persiste à l'âge adulte tant qu'ils pensent ne pas avoir été à la hauteur des hautes ambitions de leurs parents et des leurs.

Ce qui ajoute à ce sentiment de déception, c'est l'impression de ne pas aller au bout de ses possibilités et de prendre comme prétexte le désir de perfection pour abandonner : « *Si je ne peux pas réussir parfaitement, je ferais mieux de ne pas le faire du tout.* »

On peut, à l'inverse, avoir tendance à en faire trop et provoquer un stress constant dans cette lutte pour parvenir à son idéal. « *Même si je réussis aujourd'hui, je m'inquiète encore pour demain.* » **Les exigences de perfection peuvent soit dissuader l'enfant unique d'essayer, soit le pousser à faire des efforts draconiens.**

□ Que peuvent faire les parents ?

L'intervention des parents peut réduire les risques liés au désir de perfection poussé à l'extrême.

• Quand l'enfant consacre tous ses efforts à atteindre des buts irréalistes, les parents peuvent rappeler à l'enfant une troisième voie : « *C'est toi qui te fixes des* ***buts*** *pour guider tes efforts. Il existe par ailleurs des* ***normes*** *qui te donnent une mesure approximative suivant laquelle travailler. Mais ni les uns ni les autres ne doivent être sources de stress et de souffrance. Au lieu de te punir de ne pas arriver à faire ce que tu voulais au début, nous espérons que tu pourras apprécier le chemin que tu as été capable d'accomplir.* »

• Quand l'enfant recule devant une nouvelle expérience parce qu'il ne peut pas la réaliser immédiatement à la perfection ou qu'il refuse de participer parce qu'il a peur de ne pas être en position de gagner, les parents peuvent lui rappeler que le développement personnel est plus important que le but qu'il atteint. C'est en se frottant à des expériences nouvelles et différentes dans son enfance qu'un être développe les compétences qu'il exercera dans sa vie d'adulte. « *Si tu te limites seulement à ce que tu sais faire, tu n'auras pas toutes les qualités nécessaires pour te débrouiller plus tard.* »

• Quand il semble aux parents que l'enfant se sent en échec relatif et se déprécie car il ne réussit pas à atteindre l'idéal qu'il s'était fixé, ils peuvent dire à l'enfant que c'est lui qui est responsable des buts qu'il se fixe et des situations dans lesquelles il se sentira plus ou moins bien. On retrouve les deux attitudes **d'acceptation et de rejet**. Si l'enfant est dans le rejet, il dit : « *Je n'y arriverai jamais, je veux faire mieux que ça, je ne dois pas être content de moi.* » S'il est dans l'acceptation, il peut déclarer : « *Je vais faire ce que je peux, j'ai envie de profiter de ce que je réalise, je dois m'estimer pour ce que je suis et comment je suis.* » Un enfant unique qui s'engage dans une attitude d'acceptation n'éprouve généralement pas un sentiment d'échec relatif ou de supercherie. **La qualité de la vie intérieure dépend largement de la nature des attentes de l'enfant, c'est-à-dire de savoir s'il est dans l'acceptation ou dans le rejet**.

X

LA RESPONSABILITÉ

Les atouts de l'indépendance

« Sois responsable », c'est le message implicite que reçoit l'enfant unique et qui fait partie intégrante de son identification au statut adulte de ses parents, alors qu'il s'efforce de faire preuve de maturité sociale depuis qu'il est petit.

Le statut d'enfant unique semble impliquer un plus grand sens de la responsabilité. « *Pour moi, être responsable signifiait agir en adulte, exactement comme mes parents. Faire pour moi ce qu'ils faisaient pour eux. Des choses simples. Nettoyer après mon passage. Tenir mes promesses envers eux comme ils tenaient les leurs envers moi. Finir ce que j'avais commencé. Aider quand c'était possible. Mes parents étaient comme ça et c'est comme ça que j'ai essayé d'être.* »

Le fait de n'avoir que ses parents pour toute compagnie à la maison encourage l'enfant unique à adopter des comportements souvent associés à la responsabilité :

– prendre en charge son emploi du temps (sans personne pour le lui rappeler) ;
– laisser les choses en ordre (remettre en place ce qu'on a pris) ;
– prendre ses décisions (résoudre ses problèmes soi-même) ;
– agir de façon indépendante (ne pas attendre qu'on vous dise quoi faire) ;

– accepter les conséquences de ses actes (reconnaître ce qui résulte d'un choix personnel) ;
– suivre des règles (être obéissant) ;
– respecter ses engagements (honorer sa parole) ;
– faire son travail (terminer ce qu'on vous a dit de faire) ;
– être honnête (dire la vérité sur ses sentiments et ses actions).

Les enfants uniques ont bien souvent une longueur d'avance en ce qui concerne l'apprentissage de la responsabilité sous différentes formes.

Pour poser les bases de la responsabilité chez leur enfant unique, les parents peuvent réfléchir à son avenir en se posant deux questions essentielles.

• « *Y a-t-il quelque chose que nous fassions actuellement pour notre enfant et qu'il pourrait apprendre à faire tout seul ?* » Si oui, ils peuvent dès maintenant commencer à transférer la responsabilité de certaines de ces tâches. Le jeune enfant peut donc commencer à prendre en charge certaines choses élémentaires quand ses parents pensent qu'il s'est suffisamment entraîné pour les pratiquer en toute sécurité. Le jeune enfant peut apprendre à prendre son bain tout seul, à choisir ses affaires et à préparer son goûter. Une des conséquences de ce transfert de responsabilité, c'est qu'il augmente chez l'enfant le sentiment de compétence et d'estime de soi. « *Regarde ce que je sais faire tout seul !* »

• « *Quand l'adolescent sera prêt à quitter la maison pour devenir autonome, quelles qualités (l'honnêteté par exemple), quelles compétences (savoir gagner et gérer son argent, par exemple) et quelles expériences (avoir voyagé tout seul, par exemple) voulons-nous qu'il ait acquises pour être aussi bien préparé que possible à la responsabilité adulte ?* » Les parents dressent alors une liste des responsabilités qu'il est nécessaire de savoir exercer pour réussir cette phase de transition et ils décident de l'âge auquel il conviendrait de commencer à les enseigner.

Par exemple, plutôt que de tout simplement acheter à leur fille de 18 ans une voiture d'occasion, les parents en profitent pour lui enseigner certaines responsabilités : gagner de l'argent et économiser, comparer les prix et les modèles, contacter des compagnies d'assurance, estimer le prix des réparations, prévoir comment payer les futures dépenses, etc.

Ce vieux proverbe est ici tout à fait pertinent : mieux vaut apprendre à pêcher que de servir le poisson tout cuit. Pour progresser dans cet apprentissage de la responsabilité, il est plus efficace pour un jeune de gagner de l'argent et d'apprendre à acheter une voiture plutôt que de la recevoir en cadeau, c'est une excellente occasion de comprendre et d'acquérir des compétences pratiques. Cet apprentissage prend du temps et de l'énergie mais les parents d'un enfant unique en sont généralement bien pourvus.

Comment enseigner la responsabilité

Enseigner la responsabilité consiste à surveiller la préparation et à programmer le relâchement du contrôle parental au moment où l'enfant :

- **assume la liberté de choix** dans un domaine de sa vie (aller tout seul à l'école après l'avoir fait plusieurs fois avec ses parents, par exemple) ;
- **se met en danger** en prenant une décision personnelle (il doit tourner cinq fois et traverser trois rues fréquentées) ;
- **reconnaît les conséquences** de ses choix (il reconnaît qu'il s'est trompé à un croisement et qu'il s'est perdu) ;
- **se remet de ces conséquences** (il demande sa direction et retrouve le bon chemin).

L'enfant ne va pouvoir grandir et passer de la dépendance à l'indépendance qu'en prenant de plus en plus de responsabilités au cours des années. Un des problèmes principaux de l'éducation est de savoir quand relâcher le contrôle et accorder plus de liberté pour donner à l'enfant une chance d'exercer sa responsabilité. Les parents savent que la liberté totale (l'extrême permissivité) prive de protection et qu'ils doivent donc conserver un certain contrôle. Ils savent également que le contrôle intégral (qui assure une protection parfaite) ne prépare pas l'enfant à la prise de responsabilités et qu'ils doivent donc lâcher du lest et lui permettre d'expérimenter et de choisir.

Comment les parents renforcent-ils la capacité de l'enfant à prendre des responsabilités ? En lui permettant, dès que c'est possible et raisonnable, d'affirmer ses choix et en se laissant guider par les témoignages évidents de responsabilité donnés par l'enfant et par les buts qu'ils se sont fixés. **Pour les parents, l'objectif du transfert de responsabilité est de se dégager de leur tâche éducative**.

L'éducation : un transfert de responsabilité

On peut envisager la croissance d'un enfant comme une prise progressive de responsabilités assurant le passage d'un état de dépendance (le tout-petit dépendant totalement des soins des parents) à un état d'autonomie (le jeune adulte capable de s'assumer tout seul). Pour le parent et l'enfant unique, si étroitement attachés à leur relation, se pose une question difficile concernant les responsabilités de l'enfant : jusqu'à quel point chacun veut-il réellement être indépendant de l'autre ?

Chaque parcelle de liberté accordée à l'enfant lors du transfert de responsabilité s'accompagne d'un sentiment de perte. Le lien se dénoue peu à peu. C'est ce « décrochage » qui contribue à les rendre indépendants l'un de l'autre. Le parent cède un peu du contrôle qu'il exerce sur l'enfant et l'enfant se libère un peu du soutien structurel que dispensent les parents, toujours prêts à décider pour lui.

Quand les parents accordent à leur adolescent de 14 ans la responsabilité de conduire un « deux-roues », c'est un grand pas vers l'indépendance parce qu'il n'a plus besoin de ses parents pour se déplacer. Quand ils lui permettent de gagner un peu d'argent, le jeune est moins dépendant de ses parents pour s'acheter ce qu'il veut. **Plus l'enfant apprend à être responsable de lui, moins les parents sont impliqués dans sa vie et moins ils se sentent utiles et valorisés**.

Les écueils à éviter

Pour les parents, les risques liés à la responsabilité proviennent de deux sources : vouloir en faire trop pour leur enfant unique et critiquer l'éducation qu'ils lui ont donnée quand leur enfant est blessé ou en difficulté.

□ Vouloir en faire trop pour l'enfant

Habituellement, plus il y a d'enfants, moins les parents ont de temps à consacrer à chacun individuellement et plus ils attendent d'eux qu'ils soient autonomes. Mais avec un enfant unique, les parents ont tendance à se faire plaisir en gâtant leur enfant. Chaque fois qu'ils font quelque chose pour lui, c'est un acte d'amour qu'ils adorent accomplir et que l'enfant adore recevoir.

C'est ainsi qu'un enfant unique peut avouer : « *Je suppose que si j'étais gâté, ce n'était pas tellement en raison de ce que mes parents me donnaient mais surtout pour ce qu'ils faisaient pour moi. Je m'attendais donc à ce que les autres en fassent autant et j'étais déçu quand ce n'était pas le cas. Vous pensez peut-être que j'aurais dû être reconnaissant envers mes parents pour tout ce qu'ils avaient fait pour moi, et je l'ai été d'une certaine façon, mais pas tout à fait. Parce que plus ils en faisaient, plus j'en attendais de leur part, moins j'apprenais à me débrouiller tout seul et moins j'appréciais tout ce qu'ils faisaient. Cela peut paraître idiot, mais si vous avez l'habitude que vos parents rangent votre chambre, vous nourrissent et lavent votre linge, c'est difficile de le faire vous-même quand vous quittez finalement la maison. Je pense parfois que ma réaction les a vraiment blessés. Je me plaignais toujours qu'ils n'en faisaient jamais assez.* »

POUR RÉDUIRE LE RISQUE D'EN FAIRE TROP POUR L'ENFANT

Les parents peuvent se poser les questions suivantes pour diminuer ce risque.
- « *Que faisons-nous pour l'enfant qu'il pourrait faire lui-même ?* » (Faire son lit ou sa lessive, par exemple).
- « *Que gérons-nous pour l'enfant dont il pourrait apprendre à se charger lui-même ?* » (Décider de l'utilisation de son argent de poche : économiser ou le dépenser).
- « *Quelles informations utiles négligeons-nous de lui transmettre qu'il pourrait commencer à comprendre ?* » (La contraception ou les dangers de l'alcool et de la drogue).

Une des difficultés de l'éducation est de permettre et d'encourager l'enfant à engranger les expériences et les connaissances et à prendre des responsabilités pour se préparer au mieux à l'autonomie.

□ Se tenir pour trop responsables

Une des limites les plus difficiles à poser pour les parents d'un enfant unique est celle de leur responsabilité quand leur enfant se retrouve blessé dans ses sentiments ou en difficulté. Deux questions leur viennent presque automatiquement : « *Jusqu'à quel point est-ce de notre faute ?* » et : « *Qu'aurions-nous pu faire pour éviter cela ?* » Ils sont tentés d'étendre leur responsabilité dans la vie de l'enfant unique alors qu'il est touché par des circonstances ou des événements malheureux.

Imaginons un enfant de 12 ans qui, dans un acte de rébellion avec ses copains, a écrit des graffitis vengeurs sur le mur de l'école et se trouve reconduit à la maison par un policier. L'enfant est sur le point d'avouer son délit quand il est interrompu par ses parents : « *Qu'est-ce qu'on a fait de mal pour que tu fasses une chose pareille ?* » L'enfant saute sur l'occasion pour échapper au fait qu'il est responsable d'une infraction pour laquelle il doit être puni et déclare aussitôt : « *Vous ne m'aviez jamais dit que c'était si dramatique d'écrire quelques mots sur un mur ! Je ne pouvais pas savoir ! C'est de votre faute, vous ne me l'aviez pas dit !* » Si les parents acceptent ce reproche, ils dispensent l'enfant délinquant de sa responsabilité.

□ Limiter la responsabilité parentale

Pour éviter d'assumer une trop grande responsabilité quand leur enfant se retrouve en difficulté, les parents doivent la délimiter et accepter les paramètres qui affectent la vie de leur enfant et qu'ils ne peuvent pas contrôler.

- Ils ne contrôlent pas **le caractère et la personnalité** de leur enfant. Si l'enfant est impulsif, téméraire et a le goût du risque, ils ne peuvent pas changer sa nature audacieuse. Ils ne peuvent que lui apprendre à vivre avec, en le sensibilisant à la sécurité et à la réflexion.
- Ils ne contrôlent pas les **circonstances extérieures** d'un monde plus vaste auquel l'enfant va inévitablement être exposé. Que ce soit à l'école, dans sa vie sociale ou partout sur sa route, il va rencontrer des risques qu'on ne peut ni prévoir ni anticiper au quotidien. L'air est rempli de microbes et les rues sont pleines de voitures. Il peut donc attraper des infections ou avoir un accident.
- Ils ne contrôlent pas les **choix personnels** que fait leur enfant unique. Malgré l'instruction, le contrôle et l'entraînement qu'ils offrent, l'enfant est en dernier ressort gouverné, non par la volonté parentale, mais par ses propres décisions. La tentation, l'immaturité et l'ignorance conspirent toutes à entraîner l'enfant, quelle

que soit la qualité de l'éducation, à souffrir ou à s'attirer des ennuis au cours de sa croissance. Leur influence ayant des limites, les parents ne sont pas responsables quand leur enfant chéri, qui sait tout mieux que tout le monde, agit pour le pire et qu'en conséquence, cela lui coûte cher.

Les pièges qui guettent l'enfant

Les risques qui sont liés à la responsabilité et que court l'enfant ont deux causes principales : une identification à la responsabilité adulte telle qu'il perd un certain sens de l'enfance et le sentiment d'être responsable des malheurs de l'adulte.

□ Endosser des responsabilités d'adulte

Les enfants eux-mêmes, et les adultes qui connaissent bien les enfants uniques, remarquent souvent qu'il leur est plus difficile de jouer avec des camarades de leur âge que de socialiser avec des gens plus âgés parmi lesquels ils peuvent agir en adultes, ou bien avec des enfants plus jeunes avec lesquels ils peuvent jouer le rôle du plus âgé. « *En grandissant dans un monde d'adultes, j'ai grandi trop vite dans certains domaines pour apprécier la compagnie des jeunes de mon âge. Ils avaient encore envie de faire des jeux de petits et je me sentais trop adulte pour vouloir faire le clown.* »

Les parents oublient vite que, bien qu'il soit socialement mûr, leur enfant unique est encore un enfant qui doit profiter de cette liberté absolue et insouciante nécessaire à son développement. Être dégagé de la responsabilité adulte est un des côtés réjouissants de l'enfance. S'abandonner entièrement au plaisir, aux jeux et à l'aventure, sans se soucier d'agir avec maturité comme les parents, permet à l'enfant de développer les caractéristiques propres à l'enfance.

Tout en valorisant les qualités d'adulte de leur enfant, les parents peuvent aussi contribuer à le libérer de la responsabilité en le poussant à socialiser avec des enfants du même âge. L'enfant unique ne peut pas apprendre à agir conformément à son âge si on l'associe toujours aux adultes. Il faut lui donner l'occasion d'interagir avec ses pairs.

□ « Tout est de ma faute »

Pour certains enfants uniques, « *Je suis désolé* » est une réponse automatique quand quelque chose ne va pas dans la famille, qu'ils soient concernés ou non. « *Comme j'étais le principal centre d'intérêt dans la famille, je supposais simplement que si mes parents n'étaient pas heureux, ça devait être de ma faute. Si j'allais bien, ils allaient bien ; c'est du moins le message que j'entendais. S'ils n'allaient pas bien, c'est qu'il devait y avoir quelque chose qui n'allait pas chez moi. Quelque chose de moi ou de mon comportement. C'était à moi d'en prendre la responsabilité et d'arranger les choses.* » Quand, par exemple, les parents rentrent fatigués de leur travail et « se défoulent » en se disputant, il arrive que ce soit l'enfant unique qui les interrompe : « *Je suis désolé, qu'est-ce que j'ai fait de mal ?* » et qu'il essaye ensuite de réconforter tout le monde.

Pour atténuer cette tendance à prendre sur lui la tristesse ou les malheurs de ses parents, il est bon que les parents continuent à préciser clairement la séparation entre la responsabilité des actions individuelles et celle du bien-être affectif. Supposons par exemple que l'enfant tarde à se préparer et retarde ainsi le départ de la famille pour le cinéma. En se dépêchant pour arriver à l'heure, le parent qui conduit attrape une contravention pour excès de vitesse. Si les parents se mettent en colère parce qu'ils se sont fait prendre, l'enfant peut automatiquement s'excuser. « *Je suis désolé. C'est de ma faute ! Si je n'avais pas traîné, vous n'auriez pas essayé d'avoir le feu vert, vous n'auriez pas été arrêtés par la police et vous ne seriez pas fâchés.* »

Dans ce genre de situation, les parents doivent aider l'enfant à apprendre à délimiter la responsabilité de chacun. Ils peuvent expliquer que le retard est de la responsabilité de l'enfant mais que la conduite relève de celle de ses parents. L'un ne dépend pas de l'autre. Il n'y a pas de relation de cause à effet entre les deux événements. C'est là que ça se joue : il faut continuellement **rappeler à l'enfant qui s'excuse automatiquement qu'il n'est ni le seul facteur de bonheur ou de malheur dans la famille, ni responsable de tout ce qui va bien ou mal**.

XI

JE LUI (LEUR) DOIS TOUT

Une si jolie dette

Malgré une apparence d'enfant gâté due à l'attention et à l'indulgence accordées par ses parents, l'enfant unique grandit rarement sans souci. Bien qu'il semble facile de s'occuper d'un seul enfant, la plupart des parents d'enfants uniques subissent la même pression que les autres parents en ce qui concerne la responsabilité. En fait, dans la plupart de ces familles, parents et enfants éprouvent tous un certain sentiment d'obligation, plus ou moins lourd, les uns envers les autres. Ni le rôle de parent d'un enfant unique ni celui d'enfant unique ne sont à prendre à la légère. Chacun se sent engagé par l'autre à bien faire.

Le sentiment de responsabilité est différent du sentiment d'obligation, bien que le second puisse facilement découler du premier, comme c'est souvent le cas dans les familles d'enfant unique. La responsabilité relève d'**un sentiment de revendication** : prendre des décisions tout seul et en assumer les conséquences pour le meilleur et pour le pire. L'obligation concerne **le sentiment de dette** : reconnaître ses dettes et ressentir le besoin de les rembourser.

□ « Je te donne, tu me donnes »

Comme les parents et l'enfant unique sont souvent reconnaissants les uns envers les autres, un sentiment de dette mutuelle peut se développer très tôt dans la relation familiale. « *Ce n'est pas seulement l'amour qui nous lie autant, mes parents et moi, c'est le sens du devoir. J'ai le sentiment de tellement leur devoir et eux de même.* » On retrouve souvent dans les familles d'enfants uniques **le sentiment d'avoir des promesses à tenir et des dettes à payer**. L'enfant, par exemple, peut décider qu'il doit à ses parents de :

- « bien tourner » ;
- les rendre fiers de lui ;
- les rendre heureux ;
- perpétuer la lignée familiale ;
- rester le centre de leur monde ;
- les rembourser pour tout ce qu'ils ont investi ;
- prendre soin d'eux quand ils seront malades ou vieux ;
- s'assurer que les vacances et les fêtes se passent bien ;
- garder le contact avec eux après son départ de la maison pour qu'ils ne se sentent pas seuls.

Les parents, de leur côté, peuvent se dire : « puisque c'est notre seul et unique enfant, nous devons » :

- le rendre heureux ;
- l'aider à réussir ;
- nous sacrifier pour qu'il aille de l'avant ;
- l'inclure dans notre monde d'adultes ;
- remarquer quand quelque chose ne va pas ;
- le protéger des dangers possibles ;
- éviter de faire des erreurs qui risqueraient de le faire souffrir ;
- favoriser son épanouissement de toutes les façons possibles.

Bien que les parents et les enfants de familles plus nombreuses puissent souscrire dans l'ensemble aux affirmations ci-dessus, ils ne ressentiront probablement pas de façon aussi intense ce sentiment d'obligation. Dans les familles d'enfant unique, le sens du devoir semble presque contractuel : **les parents doivent donner et protéger et l'enfant unique doit plaire et réussir**.

Le plaisir du travail accompli

Les enfants uniques ont souvent tendance à s'appliquer à eux-mêmes les sentiments d'obligation nourris dans leur famille, surtout en ce qui concerne la réussite professionnelle. Ils ont cette faculté de se prendre au sérieux que l'on remarque à l'école primaire ou au collège, quand ils mènent un projet en commun avec un groupe d'élèves.

Dans cette situation, ils font souvent preuve des qualités suivantes :
- ils organisent le travail ;
- ils veillent à ce que chacun soit concentré sur sa tâche ;
- ils assurent la direction et la prise en charge du projet ;
- ils établissent et surveillent le planning ;
- ils finissent ce que les autres ont laissé inachevé ;
- ils surveillent la qualité du travail pour s'assurer que le projet atteint un niveau acceptable.

Cette attitude est bien souvent caractéristique de l'enfant unique quand, adulte, il entreprend une tâche sur son lieu de travail : il est très consciencieux et possède une grande volonté de bien faire son travail.

Cette qualité contribue au code de confiance en soi de l'enfant unique auquel les parents peuvent apporter leur appui. Par exemple, l'enfant unique se sent souvent obligé de :
- finir ce qu'il a commencé (aller jusqu'au bout) ;
- tenir ses promesses (accomplir ses engagements) ;
- soutenir ses efforts pour ne pas abandonner ses résolutions (rester cohérent) ;
- prendre une décision quand le choix est difficile (capacité de décision) ;

– assumer la responsabilité de ses choix personnels (affronter les conséquences).

En satisfaisant à ces exigences, l'enfant unique se prend au sérieux.

On observe la même chose quand il s'agit d'exécuter correctement une tâche. Le travail n'est pas quelque chose d'extérieur aux gens. C'est une expression d'eux-mêmes et il reflète la façon dont ils se traitent eux-mêmes. Donc, celui qui néglige son travail se néglige lui-même en même temps.

En s'intéressant à ce qu'ils font et en répondant à l'obligation de s'acquitter d'une responsabilité ou de bien accomplir une tâche, les enfants uniques s'honorent eux-mêmes. « *Bien sûr, je veux bien faire pour faire plaisir à mes parents mais je veux surtout bien faire pour me plaire à moi-même. Je sens que je me dois à moi-même de faire de mon mieux.* » Le travail n'est pas un engagement qu'on peut prendre avec désinvolture.

Un des grands atouts de l'enfant unique est que, grâce à ce sentiment qu'il doit se prendre au sérieux, agir consciencieusement et bien faire son travail, il répond au sentiment d'obligation envers lui-même : il se respecte. Il ressemble en cela à son père et sa mère qui prennent son éducation très au sérieux et veulent faire de leur mieux.

Le poids de la culpabilité

Là où le sentiment d'obligation peut rendre parents et enfant unique plus vulnérables, c'est dans la culpabilité de ne pas réussir à faire leur devoir les uns envers les autres. Plus ce sentiment d'obligation gouverne leur relation (« *Je dois bien faire pour que mes parents soient contents* », « *Nous devons faire tout ce que nous pouvons pour soutenir les centres d'intérêt de notre enfant* »), plus ils sont tous susceptibles de se culpabiliser. Au pire, quand le sentiment d'obligation règne sur la famille, on peut édicter en son nom une série de règles qui rendent la vie plus difficile.

• Il peut se constituer un code de conduite personnelle et relationnelle dictant une multitude de devoirs implacables. « *Bien sûr, nous nous aimions, mais nous n'étions pas vraiment libres de nous aimer. Même maintenant, après toutes ces années, quand je vois mes parents, je me demande toujours : que dois-je faire ? Que dois-je dire ? Et ils se posent probablement les mêmes questions quand ils me voient.* »

• Il peut y avoir un désir sincère de « bien faire » uniquement pour ne pas risquer de « mal faire ». « *C'est la période la plus difficile de ces années d'adolescence. Nous essayons de faire ce que nous pensons être le mieux, juste pour nous faire jeter à la figure que nous sommes pires que les autres parents. Ça nous tue qu'on nous dise que nous ne faisons que des erreurs alors que tout ce que nous voulons, c'est le bien-être et la sécurité de notre enfant.* »

• Il peut se développer une extrême sensibilité à la critique, la peur d'être pris en faute ou d'apparaître défaillant. « *Je déteste être corrigé par mes parents parce qu'alors, je m'effondre. Ce qu'ils pensent de moi a tellement d'importance ! C'est pour ça que je me mets en colère, pour cacher ma blessure. Je leur fais des reproches pour ne pas qu'ils m'en fassent. Et c'est eux qui sont blessés parce qu'ils ne supportent pas non plus mes critiques. Nous nous efforçons tellement de bien faire que nous détestons nous entendre dire que nous avons mal fait.* »

□ Le danger de la manipulation

L'autre risque du sentiment d'obligation, c'est que la culpabilité qu'il produit peut être manipulée par l'autre partie pour arriver à ses fins. L'enfant unique, contrarié par un refus de ses parents, se met en colère et lance des accusations : « *Vous ne me laissez jamais rien faire ; vous ne m'aimez pas et je ne vous aime pas !* » et il se met à pleurer. Comment les parents peuvent-ils maintenir leur position face à des convictions si cruelles et à une souffrance évidente ? S'ils cèdent à cette extorsion affective et laissent leur enfant agir à son gré, cela peut jouer sur leur faculté à se culpabiliser et avoir un effet destructeur. Par la suite, amers d'avoir cédé à cette manipulation, ils vont être blessés dans leur confiance et leur investissement dans la relation.

Il se passe la même chose quand les parents jouent avec la culpabilité de leur enfant pour le forcer à rester avec eux à la maison au lieu de sortir avec ses amis. « *Tu ne passes jamais de temps avec nous. Tu nous traites comme si on ne comptait plus pour toi. Mais si c'est ce que tu veux, vas-y et passe une bonne soirée. Nous resterons tout seuls à la maison.* » Les deux parents semblent alors abandonnés et blessés en déclarant implicitement leur souffrance. L'enfant va-t-il être capable de se sortir de là ? Si oui, ce ne sera pas sans se sentir déchiré, blessé et en colère.

Au lieu de jouer avec la culpabilité de l'autre pour agir à son gré, il vaut mieux, pour tout le monde, exprimer directement ses besoins. « *Voilà comment j'aimerais que ça se passe et voilà pourquoi.* »

□ Divorce et culpabilité

Le divorce peut renforcer la culpabilité des parents et la rendre extrêmement malsaine quand l'un ou l'autre (ou les deux) décide de compenser auprès de l'enfant la blessure infligée par la séparation. Pour eux, le divorce ne représente pas seulement une rupture de leur engagement mutuel mais aussi de leur engagement familial commun envers l'enfant. C'est à cause de cette culpabilité de rompre ce second engagement que les parents peuvent être tentés de se rattraper auprès de l'enfant en disant trop souvent oui (indulgence excessive) et pas assez souvent non (manque de limites) pour faire plaisir à tout prix. « *J'ai déjà causé trop de souffrances à mon enfant. Je ne supporte plus de le voir souffrir.* » Les parents divorcés d'un enfant unique ont besoin de faire la distinction entre la **culpabilité liée à la responsabilité** et la **culpabilité qui entraîne à compenser**, car cette dernière peut les empêcher d'exiger les prises de responsabilité naturelles et de poser les limites normales de la liberté.

• La culpabilité liée à la responsabilité signifie que chaque parent divorcé, surtout celui qui a initié le divorce, doit accepter que la rupture cause inévitablement une profonde blessure à l'enfant unique. Par cette décision, le monde sécurisant de la famille est détruit par les deux adultes que l'enfant aime le plus au monde. En reconnaissant ce prix, il est normal et naturel pour les parents d'éprouver un sentiment de culpabilité : « *En agissant dans notre intérêt, nous faisons souffrir notre enfant.* » **C'est aux parents d'admettre leur responsabilité et d'en endosser la culpabilité**.

• La culpabilité liée au désir de compenser est de celles qui durent. Elle exige un tribut durable de ces parents divorcés qui ont le sentiment qu'ils doivent continuer à se punir et à réparer les dommages qu'ils ont infligés à l'enfant. Malheureusement, cette culpabilité se perpétue elle-même. Chaque fois qu'ils payent, ils ne font que confirmer la dette. Le poids de la culpabilité s'alourdit toujours et jamais ne s'allège. Pour en finir avec elle, les parents doivent trouver un moyen de se pardonner à eux-mêmes.

□ Éviter le verbe « devoir »...

Pour ne pas se laisser trop opprimer par les termes de l'obligation, les parents peuvent, quand ils parlent avec leur enfant, éviter le verbe « devoir » à tous les temps. Car il renforce inutilement le sentiment d'obligation que l'enfant ressent déjà. Ce sentiment d'obligation mutuelle est si profondément enfoui en chacun d'eux qu'il n'est nul besoin de le rappeler.

Les parents peuvent aussi éviter certaines expressions courantes qu'ils prononcent généralement quand ils sont contrariés :

– « *Tu nous a vraiment déçus !* »

– « *Comment as-tu pu nous faire ça ?* »
– « *Tu devrais avoir honte de ce que tu as fait !* »
– « *Tu ne penses jamais qu'à toi !* »
– « *Est-ce que tu te rends compte de tout ce que tu nous dois ?* »
– « *Après tout ce qu'on a fait pour toi, c'est comme ça que tu nous remercies ?* »
– « *Maintenant que tu as ton appartement, on ne compte plus !* »

Des phrases comme celles-ci, qui accusent l'enfant d'avoir failli à ses obligations envers ses parents, éveillent d'abord sa culpabilité, puis son ressentiment. « *C'est une chose que je ne pardonnerai jamais à mes parents – de m'avoir fait culpabiliser quand je n'étais pas à la hauteur de leurs attentes ou simplement parce que je ne faisais pas ce qu'ils me disaient.* »

Les parents qui abusent de la culpabilité risquent vraiment de s'aliéner, à la longue, l'affection de l'enfant qu'ils aiment.

XII

JE NE SUIS PAS COMME LES AUTRES

Les atouts de la singularité

Étant l'objet exclusif de l'intérêt familial, les enfants uniques sont observés de très près par leurs parents. Toujours attentifs aux plus légers signes de malaise, ces parents demandent vite conseil si leur enfant se sent mal ou paraît perturbé. À facteur égal, les parents veillent plus sur la santé de leur premier enfant car, n'ayant pas encore connu les petites maladies et les plaintes des enfants, ils sont plus inexpérimentés et plus angoissés.

L'intérêt exclusif qu'ils portent à l'enfant unique est aussi pour les parents une source d'émerveillement qui ne sera généralement pas aussi intense avec les enfants suivants. L'enfant unique (et l'aîné des enfants pendant un certain temps) captive l'attention de ses parents, éveille leur enthousiasme et les accapare à un degré avec lequel il est impossible de rivaliser. « *Nous adorons observer chaque petit pas de la croissance de notre enfant. Nous ne voulons rien manquer. Et nous essayons de l'encourager autant que possible.* »

C'est cette extrême faculté de réaction des parents qui, en nourrissant et en soutenant l'individualité de l'enfant, ses centres d'intérêts et ses compétences, le tire vers l'avant, beaucoup plus que les enfants suivants. De plus, comme il n'y a ni frères ni sœurs avec lesquels rivaliser, l'enfant unique a de l'espace pour se déterminer selon ses propres termes. Les parents eux-mêmes peuvent se permettre d'être plus souples avec un enfant unique qu'avec plusieurs. Les enfants uniques sont ainsi encouragés à devenir pleinement eux-mêmes grâce à ces parents qui soutiennent toutes les facettes possibles de leur individualité. C'est grâce à cet investissement parental que les enfants uniques peuvent développer différents aspects de leur personnalité, plus facilement que les enfants de familles plus nombreuses.

□ Clarté, conviction et intégrité

Les atouts de la singularité et du sentiment aigu de sa personnalité sont nombreux.

• Grâce à l'affirmation de son individualité dans sa famille, l'enfant unique connaît clairement ses préférences, ses valeurs et ses convictions sur le monde. « *J'ai parfois l'impression d'être né avec cet esprit décidé. Je n'ai pas le souvenir d'avoir hésité sur ce qui était vrai, ce qui était juste et ce que je voulais. Je ne me sens pas vraiment en confiance avec les autres mais je suis certain de ce que je suis et de ce que j'aime.* »

• **La clarté** renforce le sentiment de conviction de l'enfant unique, très attaché à ses certitudes personnelles. « *Quand je me décide, je ne change plus d'avis.* »

• **La conviction**, à son tour, encourage l'enfant à agir avec **intégrité**. L'enfant unique peut avoir du mal à faire des compromis ou à se sacrifier pour s'adapter ou s'entendre avec les autres. « *Pourquoi est-ce que je renoncerais à être ce que je suis juste pour m'entendre avec les autres ?* »

□ Conforter l'enfant dans son individualité

Pour soutenir les atouts de l'individualité chez leur enfant, les parents peuvent, en premier lieu, conforter ces trois qualités qu'il a naturellement tendance à développer : la clarté, la conviction et l'intégrité. Ce n'est cependant pas aussi simple qu'il y paraît car il n'est pas toujours facile pour les parents de respecter un sentiment de soi aussi affirmé.

- **La clarté** peut amener l'enfant à parler ouvertement de sentiments, d'opinions et de préoccupations qui peuvent être gênants. « *Je me réveille la nuit avec des rêves très étranges ; vous pensez que je suis fou ?* »
- **La conviction** peut entraîner l'enfant unique à adhérer obstinément à des certitudes et à défendre farouchement sa volonté de changer le monde : « *J'ai décidé que c'était cruel de tuer des animaux, donc je ne mangerai plus de viande.* »
- **L'intégrité** peut entraîner l'enfant unique à agir selon ses principes, quel qu'en soit le prix. « *Je ne vais pas modifier ce que j'ai écrit dans mon devoir uniquement pour plaire à mon professeur.* »

Une fidélité sans faille à leur individualité entraîne souvent les enfants uniques à adopter cette devise : « Sois fidèle à toi-même. » Il existe un corollaire à cette maxime que partagent beaucoup d'enfants uniques : « *Ce que les autres pensent de moi importe moins que d'être ce que je suis et comment je suis.* » Si la plupart des enfants uniques font preuve d'une belle assurance en société (ils ne craignent pas la désapprobation sociale), c'est parce qu'ils se sentent si bien acceptés par leurs parents.

Mais les parents eux-mêmes peuvent avoir du mal à supporter l'affirmation trop forte de l'individualité de leur enfant unique à la maison. Ils peuvent, par frustration, être tentés de couper court à l'opinion ferme de leur enfant. En général, il vaut mieux ne pas rejeter la clarté (« *Ne dis pas cela* »), ne pas critiquer la conviction (« *Comment peux-tu penser ça ?* ») et ne pas punir l'intégrité (« *Ne me dis pas que j'ai tort ; va dans ta chambre !* »).

Et quand les parents voient, en société, leur enfant affirmer son individualité à son désavantage, ils peuvent au moins l'aider à en reconnaître le prix sur le plan social. « *Bien sûr ta décision t'appartient, mais il nous semble que quand tu refuses de faire le match si tu n'as pas la place que tu veux, c'est normal que les autres enfants ne veuillent plus de toi dans leur équipe.* »

Pour soutenir cette fidélité à son individualité, l'enfant unique développe souvent un côté volontaire. Un enfant unique dont la personnalité est bien affirmée et dont le sens de l'individualité a été nourri par l'encouragement et l'acceptation de ses parents a tendance à se fixer ses propres règles et à être extraverti, tenace, obstiné, directif et très impliqué dans ses buts personnels.

□ Individualité et androgynie

L'individualité de l'enfant unique vient aussi, en partie, d'une identification duelle à chacun de ses parents. Au lieu de prendre plus à l'un qu'à l'autre, il a tendance à incorporer des éléments de chacun d'eux. Souvent irrespectueux des stéréotypes des rôles sexuels, l'enfant peut incorporer des caractéristiques masculines et féminines et, jusqu'à un certain point, sembler androgyne. « *Je suis comme mes deux parents mais de façons différentes. Et c'est comme ça que j'ai envie d'être – un rêveur comme ma mère et un pragmatique comme mon père.* »

Cautionner l'androgynie de son enfant est parfois difficile pour les parents qui sont plus étroitement définis. Les parents doivent se souvenir que l'enfant veut leur ressembler à tous les deux. Donc, s'ils renforcent l'adhésion aux stéréotypes d'un seul sexe (masculin : rude et aventurier ; féminin : sensible et attentive, par exemple), non seulement ils limitent la croissance de l'enfant mais ils amputent une partie de son lien avec le parent du sexe opposé. Il vaut mieux permettre à l'enfant unique de manifester son identification à ses deux parents.

Les difficultés d'adaptation

Quand le sentiment d'individualité se fait trop intense, l'enfant unique court certains risques, parmi lesquels :

– le risque de se conférer un **statut personnel** (la conviction que

son individualité lui confère un statut spécial et mérite un traitement particulier) ;
– le risque de **s'identifier aux plus âgés** (il souscrit à des valeurs et à des normes plus associées à la génération de ses parents qu'à celle de ses pairs) ;
– le risque de **l'excentricité** (il est tellement habitué à vivre selon ses propres termes qu'il s'écarte des normes sociales).

□ Une place à part

En s'attribuant un **statut particulier**, l'enfant unique risque de se comporter comme s'il était supérieur aux autres et qu'il méritait des exceptions à la règle. Comme l'enfant bénéficie à la maison de dispositions particulières adaptées à son individualité, il peut attendre du monde extérieur qu'il s'adapte à lui. Donc, quand l'institutrice ne lui laisse pas plus de temps qu'aux autres pour finir un devoir, il peut considérer que c'est injuste, car il croyait que le système s'accommoderait de son caractère unique : « *On devrait me laisser plus de temps pour finir mon travail, si j'en ai besoin !* »
C'est une bonne chose que les parents s'adaptent aux besoins de l'enfant unique (repousser l'heure de sortie pour que l'enfant puisse finir un projet, par exemple), tant qu'ils expriment clairement que, à l'extérieur, l'enfant ne bénéficiera pas d'un traitement semblable. Donc, pour anticiper l'entrée à l'école, les parents expliquent que faire partie d'une classe comporte certaines exigences, plus strictes que celles de la maison, et qu'ils attendent de l'enfant qu'il y satisfasse. Les parents peuvent transmettre le message suivant : ***« C'est vrai qu'à la maison tu es seul et unique, mais à l'extérieur tu n'es qu'un enfant parmi d'autres. »***

□ L'enfant « adulte »

En **s'identifiant à des gens plus âgés**, l'enfant unique risque d'adopter des normes culturelles plus associées à la génération

de ses parents qu'à la sienne. Habitué à être traité comme un « petit adulte » ou un « enfant adulte », l'enfant unique n'a pas de frères et sœurs plus âgés ou plus jeunes autour de lui pour lui donner un point de vue de jeune sur le monde qui l'entoure. En adoptant le point de vue de ses parents, l'enfant unique peut se sentir décalé par rapport aux jeunes de sa génération. « *J'ai le sentiment d'avoir plus de choses en commun avec les adultes qu'avec les jeunes de mon âge.* »
Pour atténuer les effets de l'identification aux plus âgés, le plus efficace est d'offrir à l'enfant une vie sociale appropriée en favorisant les rencontres avec des jeunes de son âge. Pour s'identifier suffisamment aux autres enfants, l'enfant unique doit être régulièrement en contact avec ses pairs. Les parents peuvent faire passer le message suivant : « ***Nous apprécions le comportement adulte que tu as avec nous, mais nous voulons aussi que tu profites du plaisir de grandir avec des amis de ton âge.*** »

□ Trop original

En cultivant l'excentricité, l'enfant risque de suivre une voie tellement individuelle et de développer une identité tellement personnelle qu'il se sent socialement en marge. Il a du mal à trouver des camarades capables d'accepter une telle différence ou assez proches de lui pour vouloir nouer une amitié. Cela peut provoquer un sentiment de solitude : « *Toute ma vie, j'ai été une sorte d'inadapté, trop replié sur moi-même pour que les autres me comprennent ou pour vouloir m'intégrer à un groupe. J'ai été plus solitaire que participant.* »
Quand l'enfant unique apparaît résolu à adopter un rythme si différent qu'il risque d'apparaître comme un « original », qu'il se replie sur lui-même et s'abandonne à la solitude, les parents peuvent à la fois conforter l'expression forte de son individualité et encourager sa vie sociale. Le sentiment de singularité ne doit pas porter avec lui une sentence d'isolement social. Il est souvent

nécessaire que les parents poussent l'enfant à se joindre à des groupes (activités parascolaires, clubs sportifs, centres de loisirs), même s'il est réticent, pour créer des occasions d'ouverture sociale et d'affiliation que l'enfant ne rechercherait pas de lui-même. Le message à transmettre serait le suivant : « ***Nous sommes contents que tu aies une forte personnalité et que tu aimes bien être tout seul, mais nous voulons aussi que tu puisses apprécier d'être avec les autres.*** »

XIII

LE VERTIGE DES EXTRÊMES

Avec deux enfants ou plus, les parents acceptent généralement de ne pas pouvoir tout donner à chacun d'eux ; mais avec un seul, il peut être extrêmement tentant d'essayer. C'est pourquoi les parents d'un enfant unique ont tendance à être **très** consciencieux, **très** vigilants et **très** encourageants, à donner et à se dévouer corps et âme au bien-être affectif de leur enfant, au développement de ses centres d'intérêt, à ses progrès scolaires et à la réussite de ses entreprises.

En raison de cet extrême engagement parental, l'enfant unique, en réaction, est lui-même conduit à des attitudes extrêmes – se sentir **très** responsable de ses parents, être **très** sensible à leur humeur et consacrer tous ses efforts à leur faire **très** plaisir, à être **très** adulte et **très** bon à l'école. Cette convergence des extrêmes crée une pression constante sur l'enfant pour être à la hauteur des efforts de ses parents, et réciproquement. De part et d'autre, chacun ressent que, s'il échoue dans ses résolutions, il néglige son devoir dans la relation familiale.

□ « Est-ce que j'en fais assez ? »

La même question problématique peut accabler les parents et l'enfant unique au cours de ce processus : « *Qu'est-ce qui est **assez** ?* » Qu'est-ce que c'est que d'être **assez** prévenant, **assez** généreux, de travailler **assez** dur, d'en faire **assez**, de plaire **assez**, de donner **assez** en retour pour satisfaire le sentiment d'obligation instauré dans cette relation hautement investie ?

Dans bien des cas, il y a un sentiment d'insuffisance chez les uns ou les autres. « *Quels que soient mes efforts, j'ai parfois le sentiment que je n'en fais pas assez pour plaire à mes parents.* » « Assez » semble toujours hors d'atteinte. Il semble parfois que la seule réponse à « Qu'est-ce qui est assez ? » serait de faire de plus en plus d'efforts et que seuls les extrêmes seraient satisfaisants :

– l'excès exclut la modération (« *Notre enfant mérite qu'on dépense plus pour lui que nos moyens ne nous le permettent* ») ;

– la supériorité exclut l'ordinaire (« *Je dois être meilleur que les autres pour que mes parents soient fiers de moi* ») ;

– l'excellence exclut la moyenne (« *Je dois être parfait ou bien je déçois mes parents* ») ;

– « tout » exclut « certain » (« *Nous devons développer tous les centres d'intérêt et les talents de notre enfant* »).

La grande force et la grande vulnérabilité de la relation entre les parents et l'enfant unique est de se vouloir mutuellement tellement de bien.

Une force considérable

□ Des parents dévoués

Dans la plupart des cas, avoir un enfant unique n'est pas un choix fait au hasard. La décision est mûrement réfléchie et exécutée avec un sens du dévouement qui représente, pour les parents, un énorme investissement en énergie au cours des années. La conséquence immédiate du sérieux de cet objectif et de la constance de leur engagement est que l'enfant unique est généralement très bien élevé.

Fermement attaché à ses parents, grandissant sous une surveillance sans faille, l'enfant unique sait ce qu'on attend de lui et là où il va être soutenu ; on l'encourage continuellement à améliorer ses compétences en favorisant l'estime de soi. Les parents d'un enfant unique, comme tous les autres parents, peuvent faire des erreurs mais c'est rarement par inattention ou par négligence. Ils se tiennent en grande estime et leur enfant de même, ce qui déclenche généralement de hautes ambitions.

□ Des enfants étroitement surveillés

Pour les parents, un des atouts de cet engagement extrême est leur surveillance des détails. Quand il y a plusieurs enfants, beaucoup de choses peuvent échapper à l'attention des parents. Par ailleurs, ils ne tiennent pas toujours fermement leurs résolutions, ils laissent parfois leurs bonnes intentions sans suites et ne font pas toujours respecter leurs exigences, car, avec plusieurs enfants, les dérapages sont inévitables. « *Avec trois enfants, c'est impossible d'être tout le temps là à surveiller.* »

Mais cette attention constante donne à l'enfant unique le sentiment d'être sous étroite surveillance. « *J'ai parfois l'impression d'être sous un microscope. C'est pour ça que j'aimerais qu'il y ait un autre enfant dans la famille. Pour détourner de moi un peu de leur attention.* » Si les enfants uniques aiment bien être l'objet de cette attention, ils peuvent parfois ne pas la souhaiter, surtout pendant l'adolescence où ils supportent de moins en moins bien le contrôle et la surveillance de leurs parents, à mesure que, tout naturellement, leur désir de liberté et d'indépendance augmente. Une des forces des parents est en fait de maintenir (au risque de déplaire) leur extrême surveillance alors que leur enfant unique, en grandissant, affronte les défis et les dangers des années adolescentes. Ils continuent spontanément à questionner leur enfant : « *Où vas-tu ? Comment y vas-tu ? Avec qui seras-tu ? Qu'est-ce que tu vas faire ? À quelle heure vas-tu rentrer et pourquoi ne peux-tu pas nous le dire ?* » Ils exigent des explications valables avant d'accorder leur permission.

□ Le souci du détail

Dans leur souci d'exigence, les parents d'enfants uniques ont tendance à négliger cette recommandation bien intentionnée mais peu judicieuse : « *Ne perdez pas de temps avec les détails.* » Ce conseil suggère que les parents, trop occupés par les détails quotidiens, risquent de s'énerver pour une broutille (un devoir qui est, une fois de plus, négligé, par exemple) et de perdre de vue les problèmes plus importants (comme le bien-être affectif et social de l'enfant). En fait, les détails valent la peine qu'on s'y intéresse et les parents d'un enfant unique sont généralement bien armés pour cette partie très exigeante de leur éducation.

Qu'est-ce qu'un détail ? C'est une multitude de comportements que les parents aimeraient enseigner à leur enfant :

– nettoyer après son passage ;
– remettre en place ce qu'il a emprunté ;
– répondre quand on lui pose une question ;
– écouter quand on lui parle ;
– faire ses devoirs sans avoir besoin de le lui rappeler ;
– raconter exactement ce qui est arrivé ;
– être à l'heure ;
– suivre les instructions ;
– parler poliment ;
– respecter ses promesses ;

et une foule d'autres petites observations quotidiennes qu'il est important de respecter pour deux raisons.

• Quand les parents investissent de l'énergie et du temps pour « s'occuper des détails », l'enfant unique comprend d'emblée qu'ils ne vont pas laisser tomber les choses importantes – telles que les résultats scolaires ou le respect des lois et des règles familiales. En étant attentifs aux détails, les parents communiquent un message fort : « *Nous avons l'intention de surveiller ta conduite à la fois dans l'ensemble et dans le détail.* »

• Quand les parents se rendent compte qu'aucun détail n'est jamais vraiment secondaire, ils reconnaissent une réalité plus large : chaque comportement de l'enfant qui est sous leur surveillance a une valeur à la fois **spécifique** et **symbolique**. Quand ils s'assurent que l'enfant a raconté exactement ce qui s'est passé (valeur spécifique), cela reflète l'importance que les parents accordent à la **franchise** (valeur symbolique). Quand ils s'assurent que l'enfant parle poliment, cela reflète l'importance qu'ils accordent au **respect**. Quand ils s'assurent que l'enfant respecte ses promesses, cela reflète l'importance qu'ils accordent à la **fiabilité**. Quand ils s'assurent que l'enfant nettoie et range derrière lui, cela reflète l'importance qu'ils accordent à la **responsabilité**. Les détails ont une signification plus large qui est révélatrice des traits de caractère et des qualités qu'ils encouragent l'enfant unique à développer. « *Nous sommes derrière toi pour que tu écoutes quand nous parlons et nous faisons de notre mieux pour t'écouter parce que nous pensons que l'écoute est signe de respect.* »

□ Une éducation dynamique

L'attention extrême des parents pour leur enfant unique leur apporte un luxe et une force dont les autres parents manquent fréquemment : le temps et l'envie d'être dynamiques dans leur éducation en imaginant et en projetant la croissance de leur enfant. Plus les parents ont d'enfants, plus ils ont tendance à ne réagir qu'aux demandes quotidiennes. Il faut avouer que c'est difficile de réfléchir au développement futur de votre enfant quand il faut d'abord « s'en sortir ». Si un des enfants est au lit avec de la fièvre et que les deux autres, qui se disputent sur le programme de la télévision, ont déjà les symptômes de la maladie qui a terrassé le premier, c'est bien difficile de se projeter dans le futur...

Les parents d'un enfant unique ont généralement les moyens d'être plus réfléchis et plus déterminés dans leur éducation. Ils peuvent prendre le temps de mesurer le décalage entre les compétences déjà acquises par leur enfant et celles qu'il devra posséder pour pouvoir quitter la maison. Ils peuvent agir pour le préparer à l'autonomie en exigeant progressivement qu'il prenne de plus en plus de responsabilités, et en l'encourageant systématiquement à l'indépendance. Comme ils observent de près leur enfant, les parents peuvent aussi l'aider à se comprendre lui-même grâce à l'image sensible qu'ils lui renvoient. L'enfant bénéficie de leur observation pointilleuse : « *Comme mes parents me connaissent bien, leurs conseils m'aident souvent à mieux me connaître.* » L'inverse est vrai également. Les parents tirent souvent profit des commentaires perspicaces (bien que pas toujours bienvenus) faits par un enfant très observateur.

Les dangers du surinvestissement

La tendance naturelle des parents à consacrer tous leurs efforts à en faire assez pour leur enfant unique peut être amplifiée par leur histoire personnelle.

- La privation précoce de besoins élémentaires ou certaines difficultés familiales vécues dans leur enfance peuvent amener les parents à vouloir compenser avec leur enfant leur propre expérience. Ils peuvent vouloir lui donner en excès pour compenser leur propre souffrance toujours présente. « *Je veux être sûr que mon enfant ne manquera jamais de la stabilité et de la sécurité que je n'ai pas eues.* »
- La mort antérieure d'un enfant peut entraîner les parents à surinvestir l'enfant suivant pour apaiser leur souffrance et les guérir de leur perte. Ils peuvent alors traiter le nouvel enfant en partie comme un remplaçant et attendre de lui qu'il développe le potentiel supposé de l'enfant décédé. « *Notre enfant unique est un rappel*

constant de celui que nous avons perdu, une seconde chance d'être parents après la mort du premier. »

• Un couple peut souhaiter avoir plusieurs enfants mais savoir que ce sera médicalement difficile, et peut-être même risqué, d'en avoir plus d'un. Stoppés net dans leurs espérances, ils considèrent que cet enfant unique devient la seule chance qu'ils ont d'être parents, le centre de tous leurs rêves. Ils cherchent donc en lui toutes les satisfactions que peuvent procurer les enfants. « *Notre fille va être tout ce que nous avons toujours attendu d'un enfant.* »

• Pour restaurer l'intimité dans une union qui se distend parce qu'elle manque d'un centre, les partenaires peuvent espérer qu'avoir un enfant va ranimer leur couple. D'une certaine façon, cet enfant est supposé apporter la réconciliation. Ils font alors pression sur l'enfant pour qu'il fasse d'eux plus que des parents. Ils attendent que sa naissance rétablisse également le couple. « *Nous avons besoin de partager un amour commun pour notre fils afin de nous rapprocher l'un de l'autre.* »

• En voulant que leur enfant accomplisse leurs rêves non réalisés, les parents, déçus par leurs propres vies, peuvent pousser leur enfant à accomplir des choses qui sont au-dessus de ses moyens. Ils risquent alors de sacrifier l'indépendance de l'enfant à leurs propres ambitions frustrées. « *Je veux que mon enfant accomplisse ce que je n'ai pas pu faire.* »

Même en dehors de ces circonstances aggravantes, l'investissement des parents est toujours susceptible de provoquer des attentes si élevées et des exigences telles que l'enfant peut avoir des réactions extrêmes. Il peut être perturbé en permanence par cette question angoissante, « Qu'est-ce qui est assez ? » :

– C'est quoi « assez bien » ?
– C'est quoi « assez idéal » ?
– C'est quoi « en faire assez » ?
– C'est quoi « faire assez plaisir » ?
– C'est quoi être « assez reconnaissant » ?

« Je ne suis pas à la hauteur »

Ces questions angoissantes peuvent rendre l'enfant plus vulnérable encore s'il y répond par des accusations. Il peut se construire un ensemble de certitudes assez cruelles de sa propre insuffisance. Ces certitudes peuvent poser les termes selon lesquels l'enfant vit sa vie privée, sa vie avec ses parents et avec les gens qui comptent pour lui, et ce sont ces termes qui régissent ses relations avec le monde plus large.

- En réponse à la question : « C'est quoi assez bien ? », l'enfant peut avoir un sentiment d'infériorité et faire ce diagnostic : « *Il y a quelque chose qui ne va pas chez moi car je ne suis pas toujours compétent dans ce que je fais.* »
- En réponse à la question : « C'est quoi être assez idéal ? », l'enfant peut ne pas se sentir à la hauteur et conclure par ce constat : « *Je suis un raté car je ne suis pas parfait.* »
- En réponse à la question : « C'est quoi en faire assez ? », l'enfant peut se sentir impuissant et se désespérer : « *Qu'importe mes efforts, je ne réussirai jamais.* »
- En réponse à la question : « C'est quoi faire assez plaisir ? », l'enfant peut avoir un sentiment d'insuffisance et céder au découragement : « *Je suis totalement incapable de satisfaire mes parents.* »
- En réponse à la question : « C'est quoi être assez reconnaissant ? », l'enfant peut baisser les bras et se réfugier dans la culpabilité : « *Je ne peux pas rendre à mes parents tout ce qu'ils ont fait pour moi.* »

La conviction de ne jamais être à la hauteur agit comme une critique continuelle de ses efforts et sape son estime de soi. La réussite occasionnelle n'apporte au mieux qu'un soulagement temporaire car elle n'est vue que comme une exception à la règle. « *Bien sûr, j'ai 98 sur 100 à mon examen mais ça montre seulement*

à quel point je suis en-dessous d'habitude. » Le sentiment d'infériorité permanent peut entraîner l'enfant unique à démissionner ou, au contraire, à négliger les critères de réussite.
Plus grave, l'enfant unique qui se laisse tenter par les attitudes extrêmes va souvent agir de façon à aggraver une situation déjà difficile. Il va essayer de prouver que ces certitudes douloureuses sont fausses, ce qui ne va faire que confirmer ce qu'il espérait nier. « *Je veux toujours prouver que ça va, mais, quoi que je fasse, je finis toujours par me sentir encore moins bien. Qu'est-ce qui ne va pas chez moi ?* » Ce qui ne va pas, c'est que le fait de démentir une conviction négative ne fait que confirmer que, d'une façon ou d'une autre, l'accusation sous-jacente d'insuffisance doit être vraie. L'estime de soi est ancrée dans la conviction inverse : « *Je n'ai rien à prouver. Je suis acceptable, j'en fais assez et je mérite l'intérêt.* »

□ « Fais ce que je dis, ne fais pas ce que je fais »

Quand des parents très consciencieux voient leur enfant unique se rendre malheureux à cause de son sentiment d'infériorité et qu'ils veulent lui conseiller d'être moins exigeant envers lui-même, il peut leur arriver de se poser en contre-exemple. « *Nous avons toujours mis trop de pression sur nous. Jamais satisfaits. Pas de place pour l'erreur. Ce n'est pas très drôle. Nous parlons d'expérience. Ne sois pas comme nous.* »
Mais ce que ces parents bien intentionnés ne comprennent pas, c'est que ce ne sont pas les mots mais les actes qui influencent en premier lieu ; c'est ce qu'ils sont et comment ils se comportent. Ils instruisent par l'exemple qu'ils donnent. L'enfant unique prend des attitudes extrêmes quand ses parents eux-mêmes réagissent avec excès à tout ce qui tourne autour de la question : « Qu'est-ce qui est assez ? »

« Je ne suis pas une bonne mère, je ne suis pas un bon père »

Les parents ont également ce sentiment d'être inaptes qui s'exprime par une certitude globale : « *Nous ne faisons pas toujours plaisir à notre enfant, nous le préparons mal, nous ne le protégeons pas assez, nous ne lui donnons pas assez, nous ne sommes pas de bons parents.* » Cet état d'esprit n'est d'aucune aide le jour où leur adolescent vient se plaindre que les parents de ses copains sont mieux. Se sentant relativement défavorisé, l'adolescent les accuse : « *Les autres parents donnent à leurs enfants plus que vous ne me donnez !* » C'est une situation d'où l'on ne peut pas sortir gagnant. Plus les parents donnent, plus l'enfant unique attend d'eux et plus il se sent insatisfait. « *Vous ne me laissez jamais rien faire. Vous vous en fichez !* »

Savoir parfois se contenter de la moyenne

Pour éviter les réactions extrêmes et freiner le développement du sentiment d'infériorité qu'elles engendrent, les parents doivent faire le point sur :
– leurs buts personnels (où s'arrêtent-ils ?) ;
– leurs normes personnelles (quel est leur critère de réussite ?) ;
– leurs limites personnelles (jusqu'où vont-elles ?).
Si « assez bien » signifie qu'ils exigent le meilleur de leur enfant, qu'ils veulent une éducation parfaite et qu'ils font tout ce que leur enfant exige, c'est qu'ils attendent trop.
Les buts, les normes et les limites personnelles posent les termes de base suivant lesquels les gens mènent leur vie privée et leur vie sociale. Ils sont de l'ordre du **choix** et non de la génétique.

Les parents seraient souvent bien avisés de choisir d'assouplir ces termes et pourraient justifier ce choix en s'appuyant sur leur confiance en eux : n'ayant qu'un enfant à élever, ils sont sûrs de leurs intentions et de leur engagement et ils sont en bonne position pour faire du bon travail avec leur enfant chéri. Ils n'ont nul besoin de recourir aux attitudes extrêmes. Leur bonne foi est suffisante. Ils peuvent pour s'en convaincre se rappeler que, la plupart du temps :

- **une bonne moyenne** est déjà une réussite pour la plupart des parents et leur enfant ;
- faire des **efforts raisonnables** est généralement suffisant – ils n'ont pas à se donner totalement pour donner assez ;
- l'enfant grandit harmonieusement quand **une partie** de ses désirs et de ses besoins sont satisfaits.

XIV

L'ADOLESCENCE

Une période difficile

Les parents d'enfants uniques ne sont que rarement préparés à l'adolescence de leur enfant. Ils n'ont pas prévu que leur petit compagnon coopératif et communicatif allait changer, qu'il allait commencer (généralement entre 9 et 13 ans) à s'opposer à eux et à avoir une vie privée et sociale séparée de la leur.

Les parents contribuent, bien souvent en toute innocence, à l'intensité de l'adolescence de leur enfant unique en raison de l'éducation qu'ils lui ont donnée. L'affection et les efforts qu'ils ont donnés sans compter pour aider leur enfant unique à grandir encouragent celui-ci à revendiquer ce qui lui revient, à prendre de l'assurance et à exercer son influence sur le cercle familial. Les parents renforcent ainsi le côté volontaire, révolté et indépendant propre à une adolescence qu'ils ne sont pas prêts à affronter.

□ Quand l'adolescence arrive comme une surprise

« *On était si proches et on s'entendait si bien. Nous n'avions jamais imaginé que notre enfant voudrait nous cacher des choses, qu'il ne serait pas d'accord avec nous et discuterait tant, qu'il s'opposerait à nous en tant que parents et n'aurait plus envie de passer du temps avec nous ! Qu'est-ce que nous avons fait de mal ? Qu'est-ce qui ne va pas chez notre enfant ?* » Généralement, rien ne va mal, les parents ne sont tout simplement pas préparés.

Les parents sont moins surpris s'ils connaissent un peu les étapes du développement de l'enfant car ils savent alors que le comportement de l'adolescent n'est pas un affront qu'il faudrait punir. La différence est sensible quand les parents n'accusent ni eux-mêmes ni leur enfant de ces changements dont ils ne sont pas responsables mais qui font partie du processus normal de transformation. L'adolescent est en train de remettre en cause sa dépendance à la famille et de redéfinir son individualité. Et les parents ont tout à gagner à connaître et à comprendre cette période de grands changements (pourquoi elle se produit, certains des dilemmes qu'elle peut poser, etc.) : cela leur permet d'acquérir une perspective et de placer les nouveaux comportements de leur enfant dans le contexte plus général et plus cohérent de sa croissance. Ils évitent ainsi de se rendre responsables des changements de leur enfant.

Grâce à cette compréhension, les parents acceptent mieux les motivations qui dictent le comportement de l'adolescent (comme l'indépendance sociale, l'affirmation de la différence individuelle, la liberté d'expérimenter, le plaisir de la discussion, l'opposition aux règles et aux limites et la fascination du risque). Ils peuvent alors consacrer leur énergie à aider l'adolescent à prendre des décisions constructives au cours de cette période délicate.

Ils peuvent, tout en refusant à leur jeune lycéen de rentrer à 3 heures du matin, comprendre le désir de liberté qui motive cette demande et aussi la colère que provoque leur refus. Dans le contexte général du développement de l'enfant (dont fait partie cette étape difficile), les parents peuvent redéfinir leurs attentes concernant certains changements à venir et réduire ainsi la probabilité d'être pris par surprise et d'avoir une réaction excessive. Si leur préadolescent commence à négliger ses devoirs en CM2, ils seront préparés à cette éventualité. Ils comprennent que l'opposition à l'autorité, à ce stade, ne reflète qu'une hostilité courante au fait qu'on leur dise ce qu'ils doivent faire. Les parents sont prêts cependant à exercer leur surveillance en insistant sur le fait que, bon gré mal gré, l'enfant fera ses devoirs. Ils ne restent pas inactifs et ne laissent pas l'adolescent se révolter, contre ses intérêts, et gâcher ses chances de réussite. Après tout, l'estime de soi se construit aussi sur des résultats scolaires satisfaisants.

□ Une éducation ingrate

La période de l'adolescence peut être particulièrement ingrate pour les parents quand ils prennent, dans l'intérêt de leur enfant, des mesures de plus en plus impopulaires, contrant ses désirs urgents et ses revendications. Leur enfant apprécie rarement, dans ces moments-là, l'opposition loyale qu'ils lui renvoient. Au contraire, il se fâche bien souvent : « *Vous ne m'aimez pas, c'est pour ça que vous ne voulez pas me laisser faire ce que je veux !* » Et les parents de répondre : « *C'est parce que nous t'aimons que nous te disons non.* »

L'adolescence est une source de blessures mutuelles parce qu'elle place continuellement les parents et l'adolescent en opposition. Un adolescent « normal » fait pression pour acquérir toute sa liberté dès que possible parce que le but de l'adolescence est, en fin de compte, l'autonomie. Les parents « normaux » résistent à cette pression pour rester dans les limites de la sécurité et de la responsabilité car ils savent que la permissivité n'est pas une protection.

Les conflits d'intérêts s'étendent durant les 8 à 10 années de l'adolescence et, par un phénomène d'érosion, réduisent petit à petit la dépendance entre eux. Les parents accordent un pouvoir de décision de plus en plus grand au fur et à mesure que l'adolescent manifeste ses compétences à prendre ce pouvoir. Finalement, à la fin de l'adolescence, les parents et l'enfant unique ont la capacité et la volonté de se détacher et d'agir indépendamment les uns des autres. Les parents sont enfin libérés de leur responsabilité vis-à-vis de leur enfant et l'enfant accepte finalement d'assumer pleinement la responsabilité de sa liberté.

Une période stimulante pour la croissance

Une bonne adolescence contribue à la croissance de l'enfant sur trois points essentiels.

• L'enfant refuse d'être considéré et traité comme un enfant. Il exprime son désir et son exigence d'avoir un statut et des libertés d'adulte dans le monde : « *Je veux agir et être traité de façon plus adulte.* »

• L'enfant est à la recherche de son identité ; une identité différente à certains égards de celle de l'enfant qu'il était et différente de celle de ses parents : « *Je veux être moi-même.* »

• L'enfant s'appuie plus sur la compagnie de ses pairs pour être socialement indépendant de ses parents : « *Je veux avoir mon propre cercle d'amis.* »

Tout ceci a un prix au niveau psychologique. L'adolescence, en obligeant les parents et l'enfant unique à grandir séparément, exerce une tension sur leur relation. Ils éprouvent un sentiment de perte de l'ancienne camaraderie : « *Nous passons moins de temps ensemble.* » Ils ressentent une certaine angoisse quant à l'évolution de la nouvelle relation : « *Avec toutes ces frictions entre nous, est-ce que nous nous sentirons à nouveau aussi proches ?* » Comme cette séparation d'avec l'enfance et d'avec les parents peut provoquer souffrance et crainte, il est parfois nécessaire de faire preuve de courage.

□ Le courage de l'adolescence

L'adolescence est un acte de courage, tout particulièrement pour l'enfant unique, si intimement lié à ses parents. Il tire, il pousse, il fait pression sur ses parents à la poursuite de son indépendance,

encourant souvent la désapprobation et suscitant des conflits au nom de sa liberté :
– l'adolescent affirme son individualité (« *Je suis différent maintenant* ») ;
– il conteste les limites (« *Ce n'est pas juste que vous ne me donniez pas la permission* ») ;
– il veut une vie sociale indépendante (« *Je préfère passer mon temps avec mes amis* ») ;
– il prend des risques pour grandir (« *Ce n'est pas parce que c'est dangereux que je vais me blesser* »).

Malgré ses airs bravaches, qui lui servent de protection (« *Je me fiche de ce que tu dis* »), l'enfant unique a souvent peur.

– Il a **peur de son individualité** qui renvoie à la peur d'être rejeté : « *Et si je changeais tellement que mes parents ne m'acceptent plus comme je suis ?* »

– Il a **peur de contester les limites**, ce qui révèle sa crainte du conflit : « *Et si, à force de contester leurs règles, ils ne m'aimaient plus ?* »

– Il a **peur de l'indépendance sociale** qui manifeste sa peur de l'éloignement : « *Et si je devenais si proche de mes amis que j'en perde l'intimité avec mes parents ?* »

– Il a **peur de l'expérimentation** qui renvoie à la peur de l'échec : « *Et si j'essaye un nouveau truc, que j'aie des ennuis et que je fiche ma vie en l'air ?* »

L'adolescence de leur enfant unique demande aussi du courage aux parents, le courage de « laisser faire » (en réponse au familier « lâchez-moi » de l'adolescent).

Compte tenu de la hauteur de l'investissement et de l'intensité de leur préoccupation et de leur attachement, le fait de le « laisser faire » peut provoquer de nombreuses craintes.

– Sur la responsabilité : « *Et s'il se blessait, physiquement ou moralement, à cause de cette liberté que nous lui accordons ?* »

– Sur l'éloignement : « *Et s'il changeait tellement que nous n'aurions plus rien en commun ?* »

– Sur la désaffection : « *Et si nous étions trop sévères, dans son intérêt, et que nous perdions son amour à tout jamais ?* »
– Sur l'abandon : « *Et si ses amis devenaient si importants qu'il n'ait plus envie de passer du temps avec nous ?* »
À toutes ces questions et à toutes ces craintes, les parents doivent répondre par la confiance en ce qui a été, ce qui est et ce qui sera.
• Ils doivent croire au lien créé dans l'enfance qui a bâti les fondations de l'amour entre eux et a fait naître un attachement solide sur lequel l'enfant peut compter.
• Ils doivent savoir que c'est de l'amour qu'ils transmettent quand ils s'opposent loyalement aux revendications excessives ou déraisonnables de l'enfant pendant l'adolescence et quand ils distinguent nettement les intérêts de chacun tout en restant ouverts sur l'expression de leurs différences.
• Ils doivent savoir que, à mesure que leur adolescent développe son individualité, ils peuvent réconcilier ce qui les différencie dans leurs valeurs et leur mode de vie grâce à l'acceptation qui jette un pont entre les différences.

Comment contribuer au développement de l'adolescent ?

Les parents peuvent nourrir et fortifier le développement de leur enfant en stimulant son propre désir de changement.
• Ils peuvent encourager le désir de l'enfant de se comporter de plus en plus en adulte en lui confiant de nouvelles responsabilités. Au lieu de dire : « *Nous nous occuperons de tout pour toi* », ils peuvent dire maintenant : « *Il est temps d'apprendre à faire plus de choses par toi-même.* »
• Ils peuvent conforter le désir de l'enfant d'être lui-même en acceptant sa diversité. Au lieu de dire : « *Ne change rien de l'enfant que nous avons toujours aimé* », ils peuvent dire maintenant :

« Voici le temps pour toi de changer et de tenter de nouvelles expériences. »

• Ils peuvent soutenir le désir de l'enfant d'appartenir à un groupe social différent du leur. Au lieu de dire : *« Ne te fais pas d'amis qui te sépareraient de nous »*, ils peuvent dire : *« Il est bon maintenant que tu aies des activités à l'extérieur et que tu fasses partie d'un groupe. »*

□ La responsabilité

Renforcer le pouvoir de la responsabilité pendant l'adolescence consiste à transférer sur l'enfant certaines responsabilités traditionnelles. Dès qu'il montre, par ses paroles ou ses actes, des signes qu'il se détache de l'enfance en affirmant sa différence (*« Je ne suis plus un petit ! »*, *« Je ne suis pas pareil que toi ! »*, *« Je ne suis pas obligé de faire comme tu veux ! »*), les parents peuvent alors commencer à transférer leur responsabilité sur le préadolescent pour soutenir son désir croissant d'indépendance.

À partir de là, sa capacité à se prendre en charge sera sa meilleure protection dans le monde extérieur. Pour amorcer ce transfert de responsabilité sur le jeune adolescent, les parents peuvent annoncer certains changements à venir pour que l'enfant ne soit pas totalement pris au dépourvu et comprenne leur motivation.

• Alors qu'auparavant les parents préservaient l'enfant des conséquences d'une décision malheureuse, ils peuvent lui dire maintenant : *« Nous attendons de toi que tu admettes avoir fait une erreur de choix, que tu en comprennes les conséquences, que tu en tires les leçons et que tu redresses la situation du mieux que tu peux, parce que corriger ses erreurs est une grande responsabilité qui accompagne l'indépendance. »*

• Alors qu'auparavant les parents intervenaient immédiatement pour résoudre un problème, ils retardent maintenant leur intervention et disent au jeune adolescent : *« Avant de te proposer une solution, nous attendons de toi que tu réfléchisses à tes propres stratégies pour résoudre cette difficulté parce que résoudre les problèmes est une responsabilité importante qui accompagne l'indépendance.* »

• Alors qu'auparavant les parents soutenaient et tentaient de consoler l'enfant quand il était malheureux, blessé ou perturbé, ils peuvent dire maintenant à l'adolescent : « *C'est à toi maintenant de prendre en charge ton bien-être affectif et de trouver les ressources pour te rétablir quand ça ne va pas car la prise en charge affective est une responsabilité importante qui accompagne l'indépendance.* »

Plus l'adolescent fait pression pour obtenir sa liberté, plus les parents doivent pousser l'enfant unique à assumer certaines responsabilités en retour. Il doit faire preuve de constance, être prévisible et crédible dans ses informations. Ils peuvent établir un contrat qui pourrait se présenter ainsi :

« *Notre volonté de t'accorder plus de liberté dans tes choix dépend de notre confiance à te laisser courir les risques liés à tes décisions. Pour prendre ces risques, nous avons besoin que tu nous rassures sur trois points.*

• ***La constance***. « *Nous avons besoin de la preuve que tu continues à travailler correctement à l'école en maintenant tes résultats et en faisant soigneusement tes devoirs à la maison en temps et en heure.* »

• ***La prévision***. « *Tu dois nous prouver que tu respectes tes promesses quand tu nous dis où tu sors, ce que tu fais et l'heure à laquelle tu rentres.* »

• ***La crédibilité***. « *Nous devons être sûrs que tes informations sont justes (précises et complètes) pour pouvoir prendre notre décision quant à la permission que tu nous demandes. Si tu nous donnes ces preuves de responsabilité, nous prendrons alors le risque de t'accorder cette liberté que tu souhaites. Si tu nous donnes la preuve du contraire, nous réduirons alors ta liberté jusqu'à ce que tu apportes cette preuve.* »

□ La diversité

Encourager la diversité pendant l'adolescence commence par une plus grande tolérance envers les différences, même si celles-ci semblent peu familières aux parents. Les changements vont se produire dans les domaines suivants :
– **l'apparence physique** : en grandissant et en mûrissant, les caractéristiques physiques de l'enfant changent ;
– **les valeurs** : l'enfant est plus attiré vers des idéaux, des attitudes et des goûts qui se définissent par opposition au monde adulte. Il fait la distinction entre la nouvelle contre-culture de l'adolescent et la culture démodée de ses parents ;
– **les habitudes** : l'adolescent souscrit à de nouveaux modèles de comportement – il est plus ou moins conformiste, plus secret ou plus discutailleur, par exemple –, ce qui a tendance à rendre la vie plus difficile à la maison ;
– **les exigences** : le jeune cherche à sortir des limites de l'enfance pour acquérir de l'expérience. Il agit comme s'il était plus âgé et exige des libertés que les parents ont plus de mal à accorder ou à refuser.

TOLÉRER LES DIFFÉRENCES NE VEUT PAS DIRE CÉDER À TOUTES LES DEMANDES DE L'ADOLESCENT

La tolérance signifie :
• comprendre et accepter ces différences comme faisant partie intégrante de la nouvelle diversité de l'adolescent ;
• affirmer ses positions pour aider l'adolescent à assurer sa sécurité et sa responsabilité lors des décisions qu'implique la diversité ;
• ne pas rejeter l'enfant en raison de ses changements, que ce soit dans son apparence physique, ses valeurs, ses habitudes ou ses exigences. Ces changements sont nécessaires pour passer de l'enfance à l'âge adulte.

□ Le groupe social

Pour élargir la communauté, il faut d'abord que les parents soient disposés à partager leur enfant unique avec un monde dont ils sont exclus. Il est bon aussi qu'ils voient leurs amis sans leur enfant. Ils ne peuvent encourager cette indépendance sociale que si l'enfant vit cette séparation avec un sentiment de sécurité sur le plan affectif.

L'enfant unique peut, par exemple, se sentir mal à l'aise à l'idée de sortir avec des amis s'il se sent coupable de laisser ses parents derrière lui, ou bien avoir un sentiment d'infidélité s'il préfère la compagnie des autres à celle de ses parents. Les parents peuvent être réticents à mener une vie sociale indépendante de leur enfant unique quand il se sent abandonné s'ils sortent, ou rejeté parce qu'ils préfèrent occasionnellement la compagnie de leurs amis adultes. Les parents qui trouvent dans la cellule familiale une vie sociale suffisante ou ceux qui refusent de mener une vie sociale sans leur enfant, risquent de décourager le désir d'indépendance sociale de leur enfant.

Impliquer l'adolescent dans plusieurs communautés sociales – dans la famille étendue, dans un groupe de bénévoles, dans une association de jeunes ou un club sportif – exige parfois de pousser l'enfant s'il est timide ou réticent. Car l'isolement social pendant l'adolescence peut coûter très cher, à la fois en terme de renoncement et de manque de préparation à la vie adulte.

• Faire partie d'un groupe dans lequel l'enfant est valorisé peut renforcer un sentiment d'estime de soi : « *J'aime bien être apprécié par d'autres gens.* »

• Faire partie intégrante d'un groupe peut créer un sentiment d'appartenance : « *J'ai des amis qui me comprennent et m'acceptent.* »

• Participer à une activité de groupe peut créer un sentiment de

contribution : « *C'est en partie grâce à mes idées que nous avons réussi ce que nous avons fait.* »
• Avoir des amis qui partagent les mêmes idées peut donner un sentiment de communauté : « *Quand vous avez des amis, vous n'êtes pas obligé d'être seul.* »
• Être capable de maintenir sa position dans un groupe peut apporter un sentiment de confiance : « *Je sais ce qu'il faut faire pour m'entendre avec les autres.* »
L'enfant unique étant particulièrement à l'aise dans sa relation avec ses parents qui apprécient tant sa compagnie, il peut lui sembler inutile et moins satisfaisant de construire sa propre vie sociale.
Si l'enfant continue à être indifférent ou réticent à toute vie sociale extérieure pendant l'adolescence, il est bon que ses parents l'y encouragent tout en lui laissant le choix. « *Nous attendons de toi que tu aies des activités de groupe organisées en dehors de la maison et de l'école. C'est notre décision et nous pouvons te faire des suggestions mais le choix t'appartient.* »

Étape par étape, l'évolution de l'adolescent

L'adolescence est ce processus de transformation qui commence quand l'enfant bouscule ses parents pour relâcher les liens de dépendance et qui se termine 8 ou 10 ans plus tard quand le jeune adulte est suffisamment responsable pour commencer à être autonome. Pour analyser et prendre conscience des risques de ce processus, parents et enfant peuvent en étudier les quatre étapes successives.

□ La préadolescence (entre 9 et 13 ans)

La situation commence à se dégrader. Le jeune ne se satisfait plus d'être défini et traité comme un enfant ; il commence à rejeter certaines activités et à résister à certaines demandes familiales traditionnelles et à des limites qu'il acceptait auparavant. La préadolescence commence parfois avec le début de la puberté mais ce n'est pas systématique. Quand c'est le cas cependant, cette première étape de l'adolescence a tendance à devenir plus intense sur le plan affectif.

Les parents constatent maintenant que l'enfant est de plus en plus négatif, qu'il se met plus souvent en opposition dans la vie courante et devient plus critique à leur égard. D'humeur changeante, plus facilement perturbé, le préadolescent est moins obéissant et coopératif qu'avant. À quoi tient ce changement ?

L'enfant brise les barrières de l'enfance en quête de liberté pour grandir. Au début, l'enfant sait mieux ce qu'il ne veut pas être que ce qu'il veut être : « *Les trucs de bébé ne m'intéressent plus !* » Mais comme il ne sait pas encore par quoi remplacer ses anciennes activités pour marquer ce changement, il souffre souvent d'un manque d'estime de soi. Il se sent déconnecté de l'ancienne définition de son identité mais n'en a pas encore de nouvelle, ce qui explique qu'il a souvent l'air de s'ennuyer et qu'il est fréquemment agité : « *Je ne sais pas quoi faire de moi !* » Il était plus sûr et confiant comme enfant qu'il ne l'est en jeune adolescent.

Face à une transformation qui semble soudaine et désagréable chez leur enfant unique (il oscille du positif au négatif, du facile au difficile, du coopératif au résistant), les parents risquent de croire qu'ils sont la cause de ces changements. Ils peuvent alors reprocher à l'enfant ou à eux-mêmes le processus de changement du début de l'adolescence. « *Tu étais un gamin super, qu'est-ce qui t'est arrivé ?* », « *Qu'avons-nous fait pour que tu agisses ainsi ?* »

Se sentant blessés et rejetés, ils courent le risque de retourner la critique et de blesser l'enfant alors qu'il est extrêmement vulnérable – bravant l'approbation parentale pour mettre en route le douloureux processus de la séparation qui marque le début de l'adolescence.

□ Le milieu de l'adolescence (entre 13 et 16 ans)

C'est une période d'égocentrisme où l'enfant se replie dans sa coquille. Très préoccupé d'assurer son indépendance vis-à-vis de la famille, l'adolescent fait maintenant pression sur ses parents, avide de cette liberté dont il a besoin pour grandir. Il se retire dans sa chambre, s'écarte de la cellule familiale et recherche la compagnie qu'il préfère, celle de ses pairs avec lesquels il va explorer et s'aventurer dans le vaste monde.

C'est peut-être la période la plus intense de la croissance adolescente, celle où l'enfant est principalement concerné par lui-même. L'adolescent cherche de plus en plus la satisfaction immédiate de ses désirs et devient capable d'agir sans considération pour ses parents. Ils doivent souvent, en réaction, l'affronter pour se faire entendre, le questionner pour être informés, discuter pour se faire obéir et se battre pour faire respecter les règles familiales.

Plus qu'à toute autre étape, le conflit semble régler leur relation. Les parents doivent souvent, dans son intérêt, s'opposer à ce que l'adolescent exige de toute urgence. Il leur arrive maintenant d'être adversaires et non plus constamment amis.

Après une enfance harmonieuse, il se peut que parents et enfant n'aient que très peu d'expérience dans la gestion des désaccords, de la frustration et de l'éloignement qu'ils ressentent maintenant plus fréquemment. Cette inexpérience peut provoquer chez les parents des réactions excessives. Ils peuvent, sous l'emprise de la colère, dire des choses qu'ils regretteront plus tard ; ils peuvent laisser faire et regretter plus tard de ne pas être intervenus ou de ne pas avoir interdit.

□ La fin de l'adolescence (entre 16 et 18 ans)

C'est une période qui tourne autour du fait que le jeune n'est pas prêt à l'autonomie. Alors que la négativité de la préadolescence

et les conflits des années intermédiaires commencent à se dissiper, une nouvelle énergie qui se situe sur le plan émotionnel – l'angoisse – commence à prendre leur place.
Le rêve d'indépendance qui excitait tant l'imagination de l'enfant de 12 ans devient maintenant une réalité effrayante pour l'adolescent qui approche l'âge du bac. Alors qu'il était ancré dans un monde où le présent importait le plus, le grand adolescent est forcé par la croissance et les circonstances à envisager l'avenir. « *Que vais-je faire de ma vie ? Si je prends un appartement avec un copain, comment vais-je le payer ? Si je prends un boulot, lequel ? Si je continue mes études, quelle filière vais-je choisir ?* »
La plupart des grands adolescents n'ont pas de réponse claire à ces questions et cette ignorance, autant que le projet de faire le pas suivant, les effraye. « *Mais je ne suis pas prêt pour l'indépendance !* », pense l'adolescent et les parents angoissés acquiescent. Cette angoisse peut être dangereuse pour les parents qui ne sont pas décidés à laisser partir leur enfant avant qu'il ne soit totalement prêt à réussir le saut.
À cette dernière étape, ils peuvent devenir soudainement actifs dans la vie de leur enfant, désireux d'apporter les dernières finitions en se précipitant pour enseigner certains points plus délicats de l'indépendance (s'occuper d'une maison, entretenir une voiture, gérer un budget, remplir la déclaration de revenus, etc.). Leurs efforts bien intentionnés provoquent généralement des conflits en cours de route car ce n'est pas le bon moment. Le grand adolescent ne va pas supporter cette ingérence : « *Je peux apprendre ça tout seul !* » Pour ne rien arranger, en partageant avec lui leurs inquiétudes sur sa mauvaise préparation, ils ne font que renforcer les siennes. Finalement, ils peuvent par leur angoisse transmettre un message double et confus : « *Nous sommes prêts à te laisser partir mais nous avons l'intention de te retenir encore un peu.* »

□ Les débuts de l'autonomie (entre 18 et 23 ans)

C'est pour le jeune un nouveau défi : vivre tout seul. Pendant cette étape finale de l'adolescence, il mène pour la première fois une vraie vie indépendante et trouve généralement le terrain extrêmement glissant. Il n'avait pas prévu qu'il aurait tant de choses à faire et, pendant un certain temps, il n'y arrive pas vraiment et s'occupe d'une chose aux dépens d'une autre.

Il y a tellement d'engagements à tenir – le loyer, les études, les factures, la recherche d'emploi, les papiers administratifs, les crédits, les promesses personnelles, les engagements familiaux – qu'il craque un peu en route. Il est entouré d'une cohorte d'amis, eux-mêmes insuffisamment préparés, qui font aussi le dur apprentissage de l'indépendance. Chacun semble trébucher et tomber, avoir des difficultés et s'en sortir. L'entourage du jeune peut être très instable à ce stade, rendu quelque peu chaotique par les changements rapides. Pour ne rien arranger, c'est souvent la période où les jeunes sont tentés par la drogue, l'alcool et les aventures sexuelles, des risques auxquels il faut prendre garde. Toutes ces erreurs, errances ou accidents lui montrent son incompétence et ne font que prouver ce que ses parents et lui-même craignaient – qu'il n'est pas tout à fait capable de gérer tous les aspects de l'autonomie. Le jeune peut alors être atteint dans son estime de soi, ce qui le rend très sensible à la désapprobation de ses parents au moment où il doute tant de lui. Il se sent incompétent en comparaison avec eux. Très inquiets de ces tentatives ratées, ils risquent de le critiquer pour qu'il se corrige, de le punir pour reprendre le contrôle ou de se désespérer quand toute intervention semble inefficace. Malgré l'apparente confusion de ces 8 à 10 années d'adolescence, c'est un processus légitime : les changements, les tensions, les conflits et les problèmes se succèdent au fur et à mesure que l'adolescent gomme les frontières de l'enfance pour tracer son chemin vers l'âge adulte. Pendant qu'il grandit, les parents grandissent aussi à leur façon. Ils gagnent en maturité et la clé de cette maturité est de garder une perspective suffisante pour ne pas prendre pour leur compte les changements de l'enfant. L'adolescence n'est pas quelque chose que les enfants « font aux parents ». C'est un processus de croissance qu'ils suivent avec leurs parents. Et toute la différence consiste à être capable de faire cette distinction.

Préadolescence : garder une perspective positive

Les parents se font facilement du souci quand ils sont confrontés à l'attitude contestataire de leur enfant unique pendant la préadolescence : son attitude négative (insatisfaction et critique), ses mouvements de révolte (résistance active et passive), ses premières expériences (tester les limites pour voir jusqu'où il peut aller).
Il est donc important que les parents trouvent le moyen de maintenir la communication avec leur enfant pendant cette période qui peut se révéler difficile.
S'ils font une fixation sur leurs difficultés avec l'enfant, ils courent le risque d'avoir une pensée réductrice.
– « *Notre enfant n'est rien d'autre qu'un problème.* »
– « *Notre enfant fait tout de travers.* »
– « *Notre enfant ne fait jamais ce qu'on lui dit.* »
Enfermés dans cet état d'esprit simpliste, les parents peuvent involontairement blesser leur enfant unique pour qui, malgré ses dénégations (« *Ça m'est égal ce que vous pensez !* »), la confiance et l'approbation de ses parents restent vitales. À cette période où il s'écarte de l'enfance et commence à se séparer d'eux socialement, l'enfant a besoin de soutien, non de censure.
Pendant la préadolescence, le défi principal est de garder une perspective positive. Pour maintenir cet état d'esprit, il faut comprendre qu'un enfant est toujours plus que la somme de ses pro-

blèmes qui ne constituent qu'une partie infime de sa vaste personnalité.

Un enfant n'est pas un problème. Un problème n'est qu'un aspect de leur enfant qui froisse les parents, qu'ils aimeraient changer ou qui les préoccupe. Si l'on perd de vue cette réalité, l'enfant risque également de la perdre : « *Mes parents ont raison, je ne suis qu'un problème.* » C'est alors que toutes les forces et les ressources nécessaires au rétablissement de l'enfant semblent hors d'atteinte. L'enfant peut avoir tendance à correspondre à l'image que les parents découragés ont de lui : « *Je ferais mieux d'abandonner et d'être aussi nul qu'ils le croient !* » Quand les parents perdent leur vue d'ensemble sur l'enfant, il est probable qu'il en sera de même pour lui.

Ce n'est pas parce que le préadolescent heurte certains principes de ses parents, qu'il défie certaines de leurs règles et teste certaines de leurs limites qu'il doit être traité comme si sa relation avec eux était rompue. Chaque fois qu'il y a désaccord, conflit et correction, les parents doivent normaliser la relation en réaffirmant à l'enfant qu'il n'a rien perdu de leur amour et de leur affection.

C'est pour toutes ces raisons que, pendant la préadolescence, il est important que les parents communiquent des messages encourageants à leur enfant unique pendant les périodes difficiles.

- Quoi qu'il ait fait de mal, les parents font toujours savoir à leur enfant qu'ils voient toujours en lui le bon côté.
- Aussi graves que soient les problèmes de l'enfant, ils font toujours savoir qu'ils voient en lui ses forces qui sont plus grandes que ses faiblesses.
- Quelles que soient les difficultés, ils font toujours savoir qu'ils remarquent ce qui va bien.
- Qu'importe ce que l'enfant a laissé inachevé, ils font toujours savoir combien ils apprécient ce qui a été accompli.

Milieu de l'adolescence : offrir une opposition loyale

Les parents ont vite fait de s'impliquer dans un conflit avec leur enfant unique pendant ces années où le besoin de liberté se fait très intense et où les conséquences de l'irresponsabilité peuvent être tellement douloureuses. Il est donc important que les parents donnent un exemple constructif dans leur façon de gérer les conflits. Ils doivent se méfier des réactions extrêmes, trop violentes ou trop faibles.

□ Trop peu de réaction

En général, les parents réagissent trop mollement face à un comportement inacceptable par souci d'éviter le conflit et le malaise affectif. « *Nous avons horreur de nous disputer avec notre fils. Ça le met tellement en colère et ça le rend malheureux. D'abord il nous en veut de le corriger, puis il s'en prend à lui-même. Nous avons décidé que ça n'en valait pas la peine. Il vaut mieux le laisser faire. Après tout, le plus important pour nous tous, c'est de rester amis.* » Pendant ces années-là, « être amis » avec leur enfant ne devrait pas forcément être la priorité pour les parents. Si l'harmonie est maintenue aux dépens de l'apprentissage de l'enfant dans le domaine de la sécurité ou de la responsabilité, ce n'est pas un bon choix. L'adolescent qui n'a pas intégré les règles sociales à la maison est mal préparé à ses futures relations avec les figures de l'autorité – les professeurs à l'école, les employeurs dans le monde du travail et les agents de la loi dans la société. Les parents doivent accepter le risque d'être impopulaires pendant ces années-là pour que leur enfant se socialise correctement. Si c'est au prix du conflit, il faut l'accepter. Il est nécessaire de poser fermement les bases de l'autorité dans la vie de l'enfant, en prenant des positions que l'enfant n'apprécie pas forcément.

• « *Nous poserons des limites à ta liberté quand nous penserons que les risques sont trop grands ou que ton sens de la responsabilité est insuffisant.* »
• « *Tu dois consacrer du temps et de l'énergie pour satisfaire les demandes familiales.* »
• « *Nous t'interrogerons quand nous voudrons savoir ce qui se passe dans ta vie.* »
• « *Nous parlerons avec toi de nos soucis te concernant, même si tu ne veux pas en discuter.* »
• « *Nous prendrons des mesures en cas de mauvaise conduite grave pour t'encourager à obéir.* »

Chaque affirmation de l'autorité parentale peut être une invitation au conflit pour l'enfant préoccupé par son indépendance. Mais c'est aussi l'occasion de faire savoir à l'adolescent que les parents s'engagent à maintenir une structure familiale protectrice tout au long de cette période où il se montre bouillonnant et impatient. Ils ne se laisseront pas déposséder de leur responsabilité par ses contestations virulentes.

□ Les réactions excessives

C'est généralement parce qu'ils n'ont pas eu l'occasion de discuter sérieusement avec leur enfant que les parents réagissent trop violemment aux conflits de cette période. N'ayant pas l'expérience du conflit avec un premier enfant, ils ne se sentent pas prêts à affronter cet adolescent qui les défie jusqu'au conflit. Craignant de perdre leur autorité s'ils n'ont pas l'avantage, les parents peuvent avoir le sentiment que leur réaction violente est légitime car il leur faut réaffirmer leur contrôle. « *Nous n'aimons pas ça, nous n'en voulons pas et ça ne se passera pas. Elle ne nous a jamais traités comme ça avant et nous n'allons pas le lui permettre. Nous ferons ce qu'il faut pour lui montrer qui dirige. Elle apprendra à respecter les positions que nous prenons, sinon... !* »
Se battre pour avoir le dessus à tout prix n'est pas très constructif

dans la gestion du conflit. Si le principal est d'avoir raison, de montrer à l'enfant qui est le chef, d'être gagnants, de ne pas changer d'avis et d'avoir le dernier mot, les parents risquent de se comporter comme si la fin justifiait les moyens et qu'importe les dommages qu'ils entraînent !

Si les parents veulent éviter de faire du mal, il faut qu'ils acceptent que leur enfant a maintenant quitté l'âge des ordres (il pensait alors que l'obéissance était un réflexe et ne pouvait pas, dans l'ensemble, être remise en question) et qu'il est entré dans l'âge du consentement (il pense que l'autorité peut être remise en question et que l'obéissance est une question de choix). Les parents doivent maintenant souvent percer une certaine résistance (retard, plainte, discussion, refus initial) avant d'obtenir la coopération souhaitée. La résistance est à la fois une tentative d'indépendance et une façon de sauver la face. « *Avant de faire comme tu veux, je vais essayer de faire un peu comme je veux. Si je n'y arrive pas, au moins, j'aurais dit mon mot.* »

Un autre danger encouru par les parents qui réagissent avec excès est d'encourager leur enfant unique à faire de même. Comme le conflit crée l'imitation, si l'un d'eux utilise la tactique du bras de fer, il encourage l'autre à en faire autant. Si les parents donnent l'exemple d'un comportement violent dans le conflit (cris, insultes, menaces, coups, par exemple), ils posent des normes qui deviennent des règles de conduite pour l'adolescent dans son apprentissage du conflit.

□ Apprendre à mener un conflit

Il est utile de rappeler certaines lignes de conduite assez simples lors d'un affrontement avec son enfant unique.

• Il faut se souvenir, en premier lieu, que la façon de conduire le conflit importe généralement plus que le résultat. Si l'on gagne « cette bataille des volontés » en blessant l'enfant au passage, chacun en souffrira : l'enfant éprouvera un sentiment de trahison et du ressentiment ; les parents éprouveront du remords et de la culpabilité (ou l'inverse si c'est l'enfant qui a fait du mal).

• Il faut maintenir le conflit dans des limites affectivement sûres. Le conflit ne doit jamais être utilisé comme excuse pour faire du mal à un autre membre de la famille. Le conflit ne sert qu'à résoudre les inévitables problèmes posés par les différences qui ont tendance à devenir plus fréquentes et plus intenses pendant ces années-là.

• Si l'un ou l'autre au cours du conflit se trouve blessé dans ses sentiments et met en péril sa sécurité, il faut mettre les problèmes de côté et en discuter. Celui qui souffre a besoin d'exprimer sa blessure, le fautif doit écouter et ils doivent tous les deux trouver un accord pour ne pas que cela se reproduise.

• Chacun doit avoir la maîtrise de ses émotions. Si le conflit menace quelqu'un dans ses sentiments ou ses émotions, il a alors le droit de se retirer (pour faire une pause, aller faire un tour et se calmer) mais il a aussi la responsabilité de revenir après avoir repris le contrôle de lui-même (pour reprendre les problèmes en suspens et les résoudre).

• Finalement, et ceci est particulièrement important pour un adolescent enfant unique, les parents doivent absolument faire preuve de loyauté envers leur enfant pendant le conflit. L'enfant doit se sentir assuré de leur engagement sous-jacent : « *Qu'importe la pression que tu mets sur nous, nous ne pourrons jamais t'enlever notre amour.* »

La fin de l'adolescence : contrôler l'angoisse

En cette fin d'adolescence, les parents s'inquiètent si vite à l'idée que leur enfant ne soit pas prêt à être autonome qu'il est important qu'ils gèrent leur angoisse sans entamer ni le courage de l'adolescent ni sa résolution à partir. Il est bon qu'ils se souviennent alors que pratiquement aucun grand adolescent ne quitte la maison en ayant expérimenté toutes les responsabilités qui accompagnent l'autonomie. Qu'il s'agisse de prendre un appartement et un travail à plein-temps ou de vivre dans une résidence universitaire, le jeune se trouvera confronté à une multitude de demandes et de problèmes auxquels il n'est pas préparé.

Les parents ne peuvent qu'en partie préparer leur enfant à l'indépendance et c'est à l'école de la vie et en affrontant la réalité qu'il apprendra le reste. Donc, si les parents retardent le départ de leur enfant jusqu'à ce qu'il soit vraiment prêt, ils ne le laisseront jamais partir. Que le jeune ne soit pas prêt à 100 % n'est pas un problème, c'est un fait de la vie.

À vouloir faire un réglage trop précis ou à trop accumuler les apprentissages de dernière minute, ils ne font que provoquer les conflits et conforter l'adolescent dans ses craintes : « *Je ne suis pas prêt à faire le prochain pas tout seul.* » Quant aux parents qui expriment directement à leur enfant leur inquiétude à propos de toutes les difficultés potentielles, ils ne font souvent que lui renvoyer leur manque de confiance en lui, alors qu'il en manque déjà. Le jeune a bien assez de soucis ; il vaut mieux que ses parents ne l'accablent pas plus et gardent leurs angoisses pour eux. L'adolescent a besoin que ses parents affirment leur conviction qu'il est suffisamment armé pour tirer de ses nouvelles expériences les compétences nécessaires à l'autonomie.

□ Attention aux doubles messages

En raison de leur attitude ambivalente sur le fait de laisser ou non leur enfant partir, les parents doivent se méfier des doubles messages qu'ils peuvent délivrer et qui risquent d'affaiblir la résolution de l'enfant à rompre les derniers liens de dépendance avec eux.

• « *Nous savons qu'il est temps que tu quittes la maison, mais nous ne savons pas si tu peux en assumer la responsabilité* » (ils sèment le doute).

• « *Nous voulons que tu prennes toi-même tes décisions mais nous*

pensons que tu fais les mauvais choix » (ils expriment la désapprobation).
• « *Tu es libre de partir mais ton départ nous laisse seuls* » (ils introduisent la culpabilité).
• « *Tu ne nous dois rien malgré les sacrifices que nous avons faits pour toi* » (ils renvoient le sentiment d'obligation).
• « *Nous voulons que tu aies ton propre cercle d'amis, bien que tu nous laisses seuls en compagnie de nous-mêmes* » (ils inspirent la pitié).
Au lieu de communiquer ces messages qui mettent leur enfant unique dans une impasse et une contradiction très douloureuse (vouloir partir/ne pas vouloir partir), il vaut mieux que les parents utilisent des mots de libération.

□ Les messages utiles

• « *Nous pensons que tu es capable d'apprendre des expériences de la vie tout ce que tu as besoin de savoir* » (ils affirment ainsi leur confiance). L'enfant en déduit : « *Ils croient en mes capacités.* »
• « *Nous pensons qu'il est important que tu fasses tes propres choix, que nous soyons, ou non, d'accord avec toi* » (ils affirment ainsi leur respect). Ce qui permet à l'enfant de se dire : « *Je ne suis pas obligé de mener ma vie exactement comme eux.* »
• « *Te voilà au seuil de cette nouvelle étape de ta vie, nous sommes heureux pour toi* » (ils affirment ainsi leur soutien). Ce qui conforte l'enfant : « *Ils m'aiment assez pour me laisser partir.* »
• « *Il nous suffit d'avoir eu le plaisir de t'élever, nous n'en attendions pas plus de toi* » (ils manifestent ainsi leur satisfaction). Ce qui libère l'enfant : « *Ils n'attendent pas que je leur rende tout ce qu'ils m'ont donné.* »
• « *Nous te souhaitons de t'épanouir dans ta vie sociale, comme nous le ferons nous-mêmes quand tu seras parti* » (ils prennent acte de leur indépendance). Ce qui rassure l'enfant : « *Bien que je sois leur enfant unique, je ne suis pas leur seule compagnie.* »

Les débuts de l'autonomie : prolonger le soutien parental si c'est nécessaire

Les parents s'inquiètent facilement pour leur enfant unique qui se trouve, pour le moment, incapable de prendre ou de tenir certains des engagements importants qu'exigent les tentatives d'autonomie. C'est difficile d'aider le jeune à s'en sortir sans blesser son estime de soi et sans rétablir la dépendance.

Ce qui complique un peu cette dernière étape de l'indépendance, c'est que les enfants uniques ont souvent tendance à commencer tardivement le processus de l'adolescence. Il semble qu'il y ait deux raisons à ce retard.

• Quand la vie avec les parents est satisfaisante et agréable, l'enfant peut être réticent à perturber une si bonne relation.

• Quand le lien aux parents est tellement étroit et leur approbation tellement importante, l'enfant unique peut hésiter à se montrer insatisfait, à repousser leurs contraintes, à tester leurs limites, à défier leur autorité et à s'échapper avec ses amis, toutes réactions marquant l'entrée dans l'adolescence.

□ Une adolescence différée

Ces deux facteurs peuvent amener certains enfants uniques à ne commencer l'adolescence que vers la fin de leur scolarité. Quand l'adolescence ainsi différée se déclenche, le besoin urgent de changements crée une énorme pression sur l'adolescent et ses parents pendant les deux ou trois années qui suivent. À peine la négativité de la préadolescence s'exprime-t-elle que s'y mêlent les revendications de liberté, elles-mêmes submergées par l'angoisse de la fin de l'adolescence. Tant de changements en si peu de temps peuvent donner une intensité particulière à la relation entre les personnes concernées. Cela nécessite de la part des parents une pensée claire et stable sur le plan affectif pour aider l'adolescent à naviguer en sécurité dans ce passage tumultueux.

Dans ce cas, la période d'essai de l'autonomie de l'adolescent est souvent plus longue. Les parents peuvent alors être obligés de prolonger leur rôle actif de quelques années, au-delà de leurs prévisions – parfois même jusqu'aux 25 ans de leur enfant. Cette éventualité ne pose pas de problème particulier car il n'y a pas de calendrier officiel à respecter.

Il y a, par contre, un problème, si les parents signifient au jeune qu'il les déçoit en ne les « lâchant » pas encore complètement ou s'ils épargnent à leur enfant les conséquences de ses actes. Car, en y faisant face, il aurait renforcé ses capacités à prendre des responsabilités. L'aide la plus efficace (et la plus difficile) est parfois le refus d'aider : « *Non, nous ne te donnerons pas d'argent pour récupérer ta voiture. À toi de décider comment tu t'en sors.* »

□ Retourner chez ses parents

Et si, néanmoins, l'autonomie se révélait trop lourde pour le jeune à sa première tentative ? Si la liberté de choix (« *Mes décisions n'appartiennent qu'à moi* »), la responsabilité personnelle (« *Tout mon bien-être dépend de moi* ») et l'organisation de ses loisirs (« *Tous mes amis s'amusent bien* ») se révélaient trop difficiles ? L'enfant peut avoir envie, après avoir laissé tomber ses études, perdu son travail ou s'être trop endetté, de revenir vivre chez ses parents pour bénéficier de leur soutien tout en se préparant à une nouvelle tentative.

Le défi pour les parents, à ce moment-là, est d'accueillir l'enfant (« *Nous voulons que tu saches que nous serons toujours là pour toi* »), d'attendre de lui qu'il assume ses décisions (« *Nous voulons que tu règles les problèmes qui restent en suspens* ») et d'énoncer clairement que le séjour est limité (« *Nous attendons de toi que tu profites de ton séjour provisoire à la maison pour retrouver des forces, repenser tes projets et préparer ton retour à une vie indépendante* »).

□ Apporter son soutien

Conscients que l'essai d'autonomie pour la plupart des jeunes est un mélange de glissades et de dérapages (quand il rompt certains engagements) ou de dérive (car il n'est pas encore « établi » dans le cours de la vie), les parents doivent apporter des réponses constructives pendant cette période particulièrement sensible pour un enfant unique. « *Revenir vivre chez mes parents à 26 ans ressemble tellement à un aveu d'échec. C'est bien la dernière chose que je voulais faire : décevoir mes parents en ne respectant pas leurs attentes. Mais j'en suis là... j'étais supposé bien me débrouiller et j'ai l'impression d'avoir tout fait de travers jusqu'à présent.* »
Dans ces circonstances critiques, les parents doivent apporter leur appui sur le plan affectif.

• Affirmer la confiance, pas le désespoir : « *Ce n'est pas parce que tu fais des erreurs que tu n'es pas capable de devenir autonome.* »
• Exprimer la patience, pas la critique : « *Tu dois prendre le temps de réfléchir sur ce qui t'est arrivé pour en tirer les leçons.* »
• Proposer un avis, ne pas prendre le contrôle : « *Si tu veux notre avis, nous pouvons te le donner mais tu n'es pas obligé de le suivre.* »

Le rôle des parents pendant la période d'essai de l'autonomie est d'accepter la difficulté, de respecter le défi et d'encourager le jeune dans sa lutte pour l'indépendance.

XV

L'IMPACT DU DIVORCE

En France aujourd'hui, un enfant unique, aussi aimé soit-il, ne peut échapper à une statistique impitoyable : environ un mariage sur deux (deux sur trois à Paris) finit par un divorce. Sa relation étroite avec ses parents et son intégration fréquente dans le couple font que le divorce est particulièrement douloureux pour l'enfant unique. Non seulement le monde familial s'écroule, mais l'enfant unique est déchiré dans sa fidélité envers des parents qui sont en conflit l'un avec l'autre.

Il peut être tourmenté par des questions sans réponse. Qui a tort ? Quelle version faut-il croire ? Quel parti doit-il prendre ? Peut-il faire quelque chose pour réunir ses parents ? Comment peut-il partager également son temps et son attention pour qu'aucun d'eux n'ait le sentiment que l'enfant a un préféré ou qu'il est injuste ?

L'impact affectif

L'enfant préadolescent (environ 9 ans) ressent habituellement du chagrin à cause de la perte, il s'angoisse pour l'avenir et se pose une question effrayante : « *Si mes parents peuvent arrêter de s'aimer, est-il possible qu'ils arrêtent aussi de m'aimer ?* » Entre 9 et 16 ans, âge auquel l'adolescent est déjà en révolte contre l'injus-

tice des adultes, le divorce ne fait qu'augmenter un sentiment de grief et justifie un engagement plus égoïste : « *Si mes parents sont capables de mettre de côté mes besoins et mes désirs au nom de leur bonheur, je peux en faire autant au nom du mien.* »
Le grand adolescent (entre 16 et 18 ans), qui vit souvent ses premières relations amoureuses, est alors confronté à une dure réalité : l'amour ne dure pas toujours. À ce premier constat cruel s'ajoute son corollaire : « *Tout engagement est conditionnel.* » Le grand adolescent, enfant du divorce, peut alors soit retarder ou éviter l'engagement, cultivant des rencontres fortuites et superficielles, soit chercher, pour sa sécurité, à avoir la maîtrise sociale et affective dans la relation. Il fait ces choix pour éviter d'être blessé, conscient de la leçon finale que peut enseigner le divorce : « *Les gens qu'on aime le plus sont aussi ceux qui peuvent blesser le plus.* »

□ Adoucir l'impact du divorce

Les parents peuvent faire certaines choses, non pour éliminer, mais pour adoucir le passage douloureux de leur enfant unique à travers le divorce.
• Si possible, annoncer ensemble à l'enfant la décision de divorcer pour montrer que, bien que mettant fin à la relation conjugale, les deux parents restent engagés à travailler ensemble au bien-être de l'enfant.
• Expliquer les nouvelles dispositions de la vie quotidienne et prévoir les moments de communication et de contact avec chaque parent, en gardant une certaine souplesse pour permettre à l'enfant de parler avec le parent absent ou de le voir quand il en ressent le besoin.
• Permettre à l'enfant de créer ses propres rituels pour apaiser les transitions du départ et du retour avant et après chaque visite. Établir des habitudes à la maison qui donnent à l'enfant un sentiment d'ordre pour l'aider à traverser ce moment pénible.

• Encourager l'enfant à poser des questions sur le divorce et sur l'avenir, en y répondant aussi honnêtement que possible, suivant le degré de maturité de l'enfant. L'information aide à réduire la peur de l'inconnu.
• Dans la mesure du possible, donner à l'enfant le choix sur l'organisation des conditions de vie chez chaque parent afin de lui procurer le sentiment qu'il a un certain contrôle dans chacun de ses nouveaux foyers.
• Écouter attentivement ses protestations et l'expression de ses émotions en réaction au divorce (la peur, la colère, la souffrance et l'impuissance).
• Être patient face à toute régression passagère susceptible de se produire alors que l'enfant se retire provisoirement dans un comportement plus enfantin pour se rassurer (il s'accroche à un parent, pleurniche ou gémit).
• S'attendre à une baisse passagère des résultats et des motivations scolaires car le divorce influe affectivement sur la capacité de l'enfant à se concentrer et à étudier. Contrôler le travail scolaire mais être sensible à l'énergie que consacre l'enfant à se battre quotidiennement pour s'adapter à sa nouvelle vie de famille divisée.
• Ne pas dépendre de l'enfant en lui demandant de soutenir ses parents mais agir en adulte responsable pour offrir un soutien affectif à l'enfant. Trouver, si possible, une aide extérieure – ami de la famille, membre de la famille étendue ou professionnel – qui assure un statut spécial dans la vie de l'enfant pendant la première année après le divorce pour jouer le rôle de confident avec lequel il puisse partager ses pensées et ses sentiments en toute sécurité.

D'un parent à l'autre : réduire les tensions et gérer les visites

Que se passe-t-il si les parents d'un enfant unique, incapables d'oublier leurs griefs, n'arrivent pas à dépassionner leurs relations après un divorce ? La meilleure réponse à cette question difficile est d'en poser une autre, plus difficile encore : « Préférez-vous vous haïr l'un l'autre plutôt qu'aimer votre enfant ? »

□ Le prix de la haine

Les parents qui refusent d'accepter leur divorce et entretiennent leur rancune, placent leurs reproches mutuels au-dessus du bien-être affectif de l'enfant. Si c'est le cas, il n'est pas inutile de calculer combien cette décision coûte à leur enfant unique.

- L'enfant est condamné, en allant de l'un chez l'autre, à devenir un vecteur affectif de l'animosité de ses parents.
- Déchiré dans son sentiment de fidélité et poussé à prendre parti, l'enfant peut se réfugier dans la dépression. Pour ne pas envenimer les sentiments amers de ses parents l'un envers l'autre, il peut décider de contenir sa colère et de la retourner contre lui au lieu de l'exprimer.
- À l'adolescence, l'enfant unique peut, après un divorce mal vécu, se retourner contre ceux qui lui ont fait tant de mal en ressassant rancunes et ressentiments et utiliser leur division. L'adolescent devient soudain manipulateur et exploite leur rancœur mutuelle en les menaçant de prendre parti pour l'un ou l'autre pour obtenir ce qu'il veut : « *Si tu ne me donnes pas ce que je veux, j'irai habiter chez quelqu'un qui m'aime plus et qui me le donnera.* »

□ S'adapter à des situations nouvelles

Le divorce est la rupture d'une relation qui renvoie chacun à son individualité. La personnalité initiale, les préférences et les différences de mode de vie qui ont fini par diviser le couple ont tendance à devenir plus prononcées entre le père et la mère après la séparation. Le divorce augmente la différence entre les anciens partenaires.

En conséquence, l'enfant unique, qui s'identifiait si étroitement à l'union de ses deux parents, trouve maintenant dans les visites un moyen d'exprimer ses différences. L'enfant vit maintenant dans des termes très différents avec chaque parent, activant souvent différentes dimensions de sa personnalité, suivant celui avec lequel il séjourne. « *Puisque maman est du soir et papa du matin, mon emploi du temps change suivant la maison dans laquelle je vis.* »

Le temps que l'enfant passe avec l'un ou l'autre de ses parents peut provoquer des sentiments mélangés ou conflictuels. L'enfant unique peut ressentir le manque de l'autre parent et regretter le temps où ils étaient ensemble, quand l'union familiale était intacte. Les vacances, les anniversaires et les autres fêtes peuvent êtres des rappels particulièrement douloureux de la perte de la cellule familiale. Mais c'est une erreur pour les parents divorcés que de se réunir à ces occasions pour le bien de l'enfant, car cela encourage les fantasmes irréalistes de réunification : « *Peut-être que papa et maman se remettront ensemble après tout.* »

Comme l'attachement à chaque parent reste très fort, chaque visite exige de l'enfant unique une adaptation psychologique et les deux parents doivent respecter cette complexité. Ils doivent ménager à l'enfant un espace affectif quand il passe d'une maison à l'autre et respecter son besoin d'avoir un moment de tranquillité quand il revient de chez l'autre parent avant de lui demander de faire des choses dans la maison.

À moins d'avoir une bonne raison de penser que le bien-être affectif ou physique de l'enfant est en danger dans l'autre foyer, il vaut mieux généralement laisser l'enfant libre de gérer cette relation et de décider lui-même ce qu'il a envie de partager. Il est préférable d'éviter :

– d'interroger l'enfant sur ce qu'il a fait ;
– de critiquer l'autre parent sur le déroulement du séjour ;
– d'exiger de l'autre parent qu'il change sa manière de vivre.

Le divorce prive effectivement chaque parent du droit (sauf dans les cas de négligence, de danger ou de maltraitance) d'exiger que l'autre parent change sa façon de vivre. Chacun d'eux doit arriver à respecter la sphère de l'autre et son influence.

C'est parfois difficile quand l'un des parents a un mode de vie que l'autre désapprouve moralement – la présence d'un concubin lors de la visite de l'enfant, par exemple. Le parent offensé n'a généralement pas de recours légal dans ce genre de situations mais il peut toujours exprimer ses inquiétudes à l'ex-conjoint et donner son point de vue à l'enfant. « *Tu dois savoir que je ne suis pas d'accord avec le mode de vie de ton père (ou de ta mère). Je ne peux rien y changer ni t'empêcher d'y aller mais j'ai la responsabilité de te dire exactement pourquoi je pense que ce n'est pas bien qu'ils vivent ensemble quand tu es là-bas. Il est évident que nous ne sommes pas d'accord là-dessus. Pour te faire ton propre avis, tu as besoin d'entendre les deux côtés.* »

QUESTIONS ET RÉPONSES

Quand un parent divorcé, père ou mère d'un enfant unique, se remarie, peut-il anticiper certains problèmes particuliers que pourrait rencontrer l'enfant ?

Oui. Après un divorce, généralement, l'enfant renoue le lien avec chacun de ses parents pour compenser la sécurité familiale perdue. Il peut, au cours de ce processus, en arriver à jouer un rôle familial important, pratiquement adulte (si, par exemple, la résidence principale de l'enfant est le domicile de la mère, il peut devenir « l'homme de la maison » si c'est un garçon, ou « la meilleure amie », si c'est une fille).

Plus l'enfant va rester longtemps seul avec un parent « célibataire », plus il va être attaché à ce rôle et plus il va être réticent à l'abandonner quand arrive un beau-parent. Le beau-parent est vu, jusqu'à un certain point, comme un intrus qui usurpe le rôle de compagnon principal du parent et affirme une autorité adulte bien mal venue à la maison.

Qu'importe si, pendant la phase préliminaire, l'enfant et le futur beau-parent s'entendent bien. C'est une fois que le couple se marie ou que la vie commune débute que l'enfant unique généralement résiste, jusqu'à un certain degré, au changement familial.

S'accrochant à son ancienne relation avec son parent, l'enfant va s'opposer à l'influence concurrentielle et intruse du beau-parent. En prévision de cette résistance, le parent et le beau-parent peuvent :
– affirmer clairement que, quoi qu'il fasse, l'enfant ne pourra rien contre ce changement ;
– être patients et ne pas punir l'enfant pour son opposition pendant la première année de la vie en commun, en lui permettant d'épuiser petit à petit sa résistance jusqu'à ce qu'il accepte ;
– ménager des occasions où l'enfant et le beau-parent se retrouvent seuls ensemble pour apprendre à se connaître ;
– organiser des activités qu'ils peuvent pratiquer tous les trois en famille et que l'enfant et son parent n'avaient pas eu l'occasion de faire avant ;
– aménager des moments à deux, l'enfant et son parent, sans le beau-parent.

Peut-on trouver, dans les familles plus nombreuses, des enfants qui manifestent certaines caractéristiques de l'enfant unique ?

L'aîné des enfants, bien sûr, est en fait enfant unique pendant un certain temps ; mais quand les parents ont eu, dès le départ, envie d'en avoir d'autres, ils transmettent généralement l'idée qu'il n'est « unique » que pour un temps et qu'il est destiné à devenir un enfant parmi d'autres. L'aîné est cependant souvent celui qui porte les attentes des parents et il perd beaucoup de sa position quand le suivant arrive.
Les enfants handicapés, en raison de leurs infirmités physiques, mentales ou émotionnelles, peuvent accaparer leurs parents et absorber quantité d'énergie, de temps et d'argent. En comparaison avec leurs frères et sœurs, ils doivent relever de terribles défis sur le plan du développement et nécessitent donc plus d'attention.

En devenant le centre principal de l'attention, l'enfant handicapé peut acquérir certaines caractéristiques souvent associées à l'enfant unique – être habitué à être le centre de l'attention des parents, à être traité avec une considération particulière ou à être singulièrement attaché à ses parents, pour en citer quelques-unes. Les parents ont tendance à investir énormément dans cet enfant pour qu'il atteigne le maximum de développement et d'autonomie.

Le défi pour les parents est de lui accorder des soins particuliers sans déséquilibrer tout le système familial car ils ne souhaitent pas pour autant ignorer les besoins des autres dans l'intérêt d'un seul. Les conseils suivants seront sans doute les bienvenus :

– si l'enfant handicapé montre des signes qu'il court certains des risques liés au statut d'enfant unique, référez-vous aux conseils donnés dans ce livre ;

– résistez à la tentation de faire « tout votre possible » de façon obsessionnelle, si cette ambition met en danger votre bien-être, votre couple ou les autres enfants ;

– informez-vous de la nature exacte du handicap et des aides disponibles et trouvez des parents ayant les mêmes soucis pour partager vos idées et vous soutenir mutuellement ;

– acceptez votre propre ambivalence et celle des autres enfants en ce qui concerne les besoins de l'enfant handicapé. Ne faites pas culpabiliser les frères et sœurs. Ne leur reprochez pas de se sentir parfois amers, jaloux, exclus, seuls, abandonnés, ou même gênés en société. Ne faites pas taire ces sentiments mais parlez-en avec eux ;

– mettez en valeur, enfin, l'amour que l'enfant handicapé a à donner et à recevoir de la famille.

Pourquoi notre enfant unique rompt-il le contact avec nous pendant les quelques années qui suivent son départ de la maison ?

Il vient un temps, après la fin de la période d'essai de l'autonomie (vers 22-23 ans), où le jeune adulte entame une sorte d'examen de lui-même en se posant cette question : « Pourquoi suis-je comme je suis ? »

Ce qui se joue là, c'est une confrontation entre ce qui reste de la croissance à achever et la guérison des blessures affectives subies pendant l'enfance, l'une et l'autre pouvant entraver le passage effectif à l'âge adulte et la capacité à former une relation amoureuse satisfaisante.

Rétrospectivement, le jeune adulte identifie les influences dont les effets formateurs ont été à la fois douloureux et utiles, parmi lesquels on trouve principalement les reproches et/ou la reconnaissance pour ce que les parents ont fait ou n'ont pas fait. En dressant cet inventaire, il fait une évaluation de l'éducation qu'il a reçue. Comme les parents ne peuvent donner au mieux qu'un mélange de forces et de faiblesses, de bonnes et de mauvaises décisions, de sagesse et de sottise, ce compte rendu ne peut être que mitigé. Avant de pouvoir revendiquer l'aspect positif de ce mélange, le jeune doit s'occuper de l'aspect négatif et l'exprimer.

Pour les parents d'un enfant unique qui ont toujours été si proches, cette période d'évaluation, marquée par la séparation, le manque de communication régulière et l'expression de sentiments violents et de critiques virulentes, peut être inquiétante. Les parents se demandent : « *Notre enfant aura-t-il un jour envie d'avoir une relation adulte durable et affectueuse avec nous ?* » Dans la plupart des cas, à moins d'un traumatisme grave, la réponse est « oui ». Le jeune adulte a seulement besoin de temps et de distance pour

accepter le passé familial afin de se lancer librement dans une relation adulte avec ses parents. Pour accompagner le déroulement de ce processus, les parents peuvent :
– garder confiance dans la relation ;
– continuer à affirmer la constance de leur amour pour l'enfant ;
– se tenir prêt pour le jour où l'enfant sera mûr pour reprendre la relation ;
– être patients et ne pas essayer, pris de panique, de prendre le contrôle ;
– être disponibles pour écouter leur enfant s'il a quelque chose à leur dire, en s'abstenant de le critiquer ;
– être disposés à répondre à toute question que l'enfant voudrait leur poser sur le passé ;
– avouer ouvertement qu'ils n'ont pas été des parents parfaits mais qu'ils ont, en toute bonne foi, consacré tous leurs efforts à faire de leur mieux.

Comment le mariage de notre enfant va-t-il altérer sa relation avec nous ?

« *Les enfants ont toujours plus d'importance pour les parents que les parents pour les enfants* » (Sifford, *The Only Child*, 1989, p. 175). C'est un constat que peuvent faire les parents lorsque leur enfant unique s'engage dans une relation amoureuse dont ils doivent respecter la primauté. Le mariage ne signifie pas qu'il les aime moins mais que leur enfant unique a maintenant trouvé quelqu'un, un partenaire, qu'il aime plus.
Ayant été si longtemps les premiers dans la vie de leur enfant unique, ils peuvent ressentir ce changement comme une menace et une rétrogradation. Ce n'est pas obligatoire cependant si les parents :
– complimentent leur enfant unique sur sa capacité à s'engager dans une relation adulte ;

– portent leur affection sur le beau-fils ou la belle-fille ;
– prennent plaisir à cette famille étendue qui se construit.

Comment réagir aux pressions pour avoir un deuxième enfant ?

Reconnaissez-les pour ce qu'elles sont : soit les ambitions de personnes qui n'auront pas la responsabilité d'élever cet enfant, soit vos propres incertitudes, c'est-à-dire vous vous posez la question de savoir si, avec un seul enfant, vous allez former une famille. Ce n'est pas en cédant à l'une de ces pressions que la décision d'avoir un autre enfant doit être prise.
Les parents ne doivent à personne – ni à leur conjoint, ni à la société, ni à leurs parents, ni à leurs amis, ni à leur enfant unique –, d'avoir un autre enfant.
• Les parents ne doivent pas se laisser tourmenter par la question de savoir s'ils donneront une meilleure éducation avec deux enfants qu'avec un seul. La réponse est non.
• Avec le temps et l'éducation de leur premier enfant, les parents auront assez d'expérience pour juger honnêtement s'ils veulent se donner les moyens (affectifs, physiques et financiers) d'affronter les exigences d'un deuxième enfant. Les deux parents doivent être d'accord. Si le vote est partagé, la réponse ne peut alors être que « pas encore » et peut-être « jamais ».

Devons-nous croire tous les stéréotypes que nous entendons sur les enfants uniques ?

Certainement pas. Les parents doivent résister à la pression négative des stéréotypes sociaux qui semblent souvent stigmatiser l'enfant unique et eux-mêmes quand ils décident qu'un enfant unique, c'est suffisant.

Les stéréotypes désignent l'enfant unique comme égoïste, solitaire, incertain, gâté, possessif, autoritaire, timoré, dépendant et singulier. Mais, en vérité, l'enfant unique peut être généreux, sociable, confiant, respectueux, partageur, coopératif, aventureux, indépendant, et « normal ».

Les parents d'un enfant unique doivent être rassurés : un enfant unique peut être aussi heureux et aussi épanoui que les autres.

Table des matières

DANS LA MÊME COLLECTION

Intelligent mais peut mieux faire
Jean-Luc Aubert

Quels repères donner à nos enfants dans un monde déboussolé ?
Jean-Luc Aubert

Du berceau à l'école – Les Chemins de la réussite
Jean-Luc Aubert

Une autre école pour votre enfant – Les Pédagogies différentes
A. Baudemont/L. Alcoba

Petits tracas et gros soucis de 1 à 7 ans – quoi dire, quoi faire
Christine Brunet/Anne-Cécile Sarfati

Papa, Maman, laissez-moi le temps de rêver !
Etty Buzyn

Vos enfants ne sont pas des grandes personnes
Béatrice Copper-Royer

Adolescence à problèmes – Comprendre vos enfants pour les aider
Dr Patrick Delaroche

Parents, osez dire non !
Dr Patrick Delaroche

Blessures d'enfance
Nicole Fabre

La vérité sort de la bouche des enfants
Nicole Fabre

Il était une fois le Bon Dieu, le Père Noël et les fées – L'enfant et la croyance
Dominique Gobert

Notre enfant d'abord – Du divorce à la médiation familiale
Muriel Laroque/Marie Théault

Papa, Maman, on m'a traité de gros
Elisabeth Lesne

Le Chemin de l'adoption – Le Cœur et la raison
Jean-François Mattei

Papa, Maman, dites-moi pour de vrai !
Gérard Sévérin

Un bonheur est si vite arrivé – Seul, en couple, en famille
Gérard Sévérin

Aux risques de l'adolescence
Gérard Sévérin

Nos enfants sont-ils heureux à la crèche ?
Anne Wagner/Jacqueline Tarkiel

DANS LA COLLECTION BIBLIOTHÈQUE DE LA FAMILLE

La Grande Enfance, les 6-11 ans
Sylvette Desmeuzes-Balland

Toutes les questions au pédiatre
Dr Antoine Galland

Votre enfant de la naissance à la grande école
Penelope Leach

Le Territoire de votre enfant
Manuel Maidenberg et Mary Canal

Une année dans la vie d'une femme
Maïté Jacquet et Mahaut-Mathilde Nobécourt

Les Compétences du nouveau-né
Dr Marie Thirion

L'Allaitement
Dr Marie Thirion

L'Éveil de votre enfant, pour un bébé actif et détendu
Chantal de Truchis-Leneveu

Pourquoi pleurent-ils ? Comprendre le développement de votre enfant de 0 à 1 ans
Etty Van Rijt et Franz X. Plooij

Toutes les questions que vous vous posez sur l'école maternelle
Nicole du Saussois

Conception graphique : Palimpseste

Cet ouvrage, composé
par I.G.S. - Charente Photogravure
à L'Isle-d'Espagnac,
a été achevé d'imprimer sur Roto-Page
par l'Imprimerie Floch à Mayenne,
pour les Éditions Albin Michel
en octobre 1999.

N° d'édition : 18502
N° d'impression : 47014
Dépôt légal : novembre 1999
Imprimé en France